Merci à Diane, Laurent, Anne Laure et Fontenouilles

PETIT MANUEL DE SURVIE À L'INTENTION D'UN SOCIALISTE DANS UN DÎNER AVEC DES GENS DE GAUCHE

Bruno Gaccio

PETIT MANUEL DE SURVIE À L'INTENTION D'UN SOCIALISTE DANS UN DÎNER AVEC DES GENS DE GAUCHE

ÉDITIONS LES LIENS QUI LIBÈRENT

ISBN : 979-10-209-0068-5

C'est de plus en plus difficile d'être de gauche...
surtout quand on n'est pas de droite.

G. BEDOS

La bonne colère c'est le sentiment qui accom-
pagne le désir de justice. Sans cette colère juste,
le désir de justice reste une velléité impuissante.

ARISTOTE

«Je suis désolé, je ne suis pas socialiste,
je ne peux pas l'être : je suis de gauche.»

Bruno Gaccio, Bourse du Travail, Paris,
septembre 2012. Meeting de soutien à la motion de
Stéphane Hessel pour le congrès de Toulouse.

Introduction

Avoue-le, ami socialiste, depuis quelque temps, tu as du mal à honorer une invitation à dîner chez des «gens de gauche». Chaque fois qu'on te convie à un de ces repas du soir, il tourne au dîner de cons, on s'y moque de toi et on t'engueule. Jean Degauche est mécontent.

J'en suis, autant le dire clairement.

Être de gauche et être socialiste est devenu contradictoire; l'idée de socialisme ne va plus de pair avec le fait d'être ou de se sentir «de gauche». Depuis l'élection de François Hollande, ce qui était une sensation diffuse est devenu une réalité palpable. Le constater n'est même pas le fruit d'une espérance déçue.

La hauteur d'une ambition affichée et la désillusion qui s'ensuit lorsque cette ambition est abandonnée au profit d'un «incontournable» réalisme, auraient été chose pardonnable. Difficilement pardonnable, compte tenu de la fréquence des abandons successifs mais… pardonnable encore une fois.

C'est autre chose qui s'est produit : c'est un renoncement. Une capitulation en rase campagne avant même d'avoir livré bataille contre cet adversaire enfin désigné! Déroulons les faits rapidement parce que le dîner approche et que tu vas avoir besoin de mes services.

Le 22 janvier 2012, dans un meeting au Bourget, François Hollande disait ceci : «Mon véritable adversaire n'a pas de nom, pas de visage, pas de parti, il ne présentera jamais sa candidature, il ne sera donc pas élu et pourtant il gouverne. Cet adversaire, c'est le monde de la finance. Sous nos yeux en vingt ans, la finance a pris le contrôle de l'économie, de la société et même de nos vies. [...] maîtriser la finance commencera ici par le vote d'une loi sur les banques qui les obligera à séparer leurs activités de crédit de leurs opérations spéculatives.»

Il le répétera à Toulon le 24 janvier, à Carmaux le 16 avril, et à Paris le 2 mai.

Dix mois plus tard, le 15 novembre 2012, Pierre Moscovici déclarait devant l'AMF (Autorité des marchés financiers) au sujet de la loi sur la séparation des banques, censée incarner cette promesse : «Cette réforme est faite dans l'intérêt même du secteur financier.» On a connu des retournés de vestons plus subtils. Sur ce coup, le cocufiage nous fut signifié pleine face : c'est un choix.

Entre-temps, faut-il le préciser, la situation avait légèrement évolué : François Hollande était devenu président de la République et Pierre Moscovici son ministre des Finances.

«Les promesses n'engagent que ceux qui les écoutent.» Cette imbécile sentence fut enfoncée comme une évidence dans le crâne des électeurs par Charles Pasqua, et elle fit rire. Pourtant, ne pas tenir une promesse demeure un manquement, constitue une offense et forme un déshonneur. Je refuse pour ma part d'agir comme si ce qui était dit n'avait aucune importance parce qu'un jour un amateur de couillonnades méditerranéennes déclara : «les promesses n'engagent que ceux qui les écoutent» et que, depuis, ceux qui les profèrent se croient libérés de les tenir simplement du fait qu'«on» sait bien que ce sont des paroles qui n'engagent pas vraiment. Cynisme contre cyniques ? Tout cela n'a pas de sens. Une promesse est une promesse, ne pas la tenir autorise la vindicte, je connais même des Corses qui évoqueraient une vendetta.

Cette loi sur la «séparation des banques» – loi qui ne sépare rien du tout, mais filialise – fait toujours de l'État, c'est-à-dire du contribuable, le garant implicite contre la faillite d'un établissement bancaire. Quand on nous présente une «séparation», c'est plus qu'un abus de langage, c'est un mensonge d'état.

Pas un seul président des quatre banques universelles visées par cette loi n'a protesté, même pour la forme : c'est la meilleure preuve que cette loi ne change rien. Cette loi est le symbole le plus cruel de ce renoncement pour Jean Degauche. Et tu le sais, ami socialiste, puisque tu travailles rue de Solférino, au siège du PS. Tu n'es qu'une petite main, mais cela compte : tu te dois d'être fidèle.

Solférino est sans doute le dernier endroit dans lequel on trouve des socialistes d'ailleurs. Ils vivent entre eux, comme dans une réserve sioux, protégés par de hauts murs, des vitres blindées et des caméras thermiques.

Du coup, lorsque tu sors dîner chez Jean Degauche, le simple fait d'avoir à justifier que tu as voté deux fois Hollande en 2012 te donne la nausée. Et te renier te fait horreur. Tu le vis mal et c'est compréhensible.

Tu as aussi constaté qu'on t'invitait moins depuis quelques mois.

Tu ressens peut-être aujourd'hui ce que ressentait un militant communiste des années 80, tu sais : celui dont tu te moquais à l'époque, ce vieux con qui vivait dans sa réserve comanche de la place du Colonel-Fabien ?

Comme lui, tu n'es plus du tout certain d'être dans le vrai mais tu répètes inlassablement le même mensonge, de congrès en université d'été, de séminaire en réunion : *le parti socialiste est l'avenir de l'humanité, la reprise est là, le bout du tunnel peut-être pas si loin, confiance, unité, motivation, ça va marcher si on veut que ça marche, c'est sûr !*

Prends conscience de ça, ami socialiste : plus personne ne veut de ta certitude.

Pour commencer, tu es englué dans l'idée fausse d'une croissance forte et salvatrice qui «bientôt» va revenir et améliorer le sort de l'humanité[1]. Depuis dix ans on entend ceci de la bouche des ministres du Budget : «Le budget de l'année 20XX avait été construit sur un pronostic de croissance optimiste (+0, X%), révisé à la baisse en avril dernier (+0,1%). L'exécutif reprend à son compte la prévision de l'Insee (-0,1% pour 20XX), mais il reste plus optimiste que le FMI (-0,2%) ou l'OCDE (-0,3%). Le ministre espère la reprise qui, selon lui, se dessine.» «Ce qui est important, c'est que la tendance s'inverse. Après deux trimestres de croissance négative, le dernier de 20XX et le premier de 20XX, les deuxième et troisième trimestres 20XX renoueront avec une croissance positive, gnagnagna».

Si on passe sur l'expression «croissance négative» qui est assez marrante puisqu'elle revient à dire : «on monte vers le bas», regarde juste ce tableau :

---

1. Lire à ce sujet l'excellent livre de l'excellent Olivier Berruyer : *Les faits sont têtus*, Les Arènes, 2013.

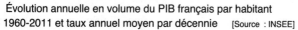

Évolution annuelle en volume du PIB français par habitant
1960-2011 et taux annuel moyen par décennie   [Source : INSEE]

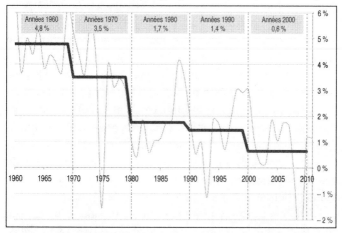

La croissance baisse d'un point en moyenne par décennie depuis cinquante ans. Il faut, selon toutes les études, environ 2,5 points de croissance du PIB[1] pour assurer un taux de chômage très bas. Depuis trente ans, bien avant «les crises» donc, on ne les trouvait pas. Voilà pourquoi le chômage est élevé, à de rares et courtes périodes de rémission près, depuis ces trente dernières années. Croire qu'une croissance

1. Le PIB (produit intérieur brut) c'est la comptabilité nationale, la somme de la production qui constitue la valeur des biens et services produits par un pays. Il date de 1945 en France. C'est un indicateur discutable car il additionne surtout les productions sans jamais calculer les dépenses (destruction des ressources notamment). Par exemple si un pays va très mal et qu'il consomme plein d'antidépresseurs, plein d'armes, plein de cercueils et plein de médicaments, ces résultats apparaissent en «positif» dans le PIB, c'est assez marrant, lire à ce sujet *Les faits sont têtus*, d'Olivier Berruyer, *op. cit.*

forte et durable va revenir pour créer des emplois relèverait au mieux du miracle. C'est possible, note bien, mais il faudrait délocaliser le ministère des Finances à Lourdes pour forcer un peu le destin [1].

D'ailleurs depuis 2000 ans, seule une période minuscule de notre histoire a vu une croissance à plus de 5% : de 1945 à 1974. Le reste du temps ? Entre 0 et 0,1% de l'an 1 à 1800 puis 1% jusqu'en 1940. Cette période de forte croissance correspond à la fois à l'explosion industrielle et à l'équipement des ménages en biens de confort et à la reconstruction d'après-guerre. Aujourd'hui nous sommes tous bien équipés, même les plus modestes, donc nous sommes sur une économie de renouvellement (voitures, électroménager, téléphone, etc.). Nous achetons aussi des objets inutiles mais bon... ce n'est pas folichon pour un grand boum de croissance. Par contre, une économie de reconstruction d'après-guerre reste, hélas, une option possible. S'il reste quelque chose à reconstruire bien évidemment. Donc, ami socialiste, arrête de nous vendre ta reprise et ta croissance. On n'y croit pas. Sauf si tu appelles 0,1 point de croissance une embellie.

L'élection de «François» – c'est comme ça qu'on l'appelle quand on est socialiste – n'a rien apporté : à part se serrer la ceinture, faire pénitence sur les avantages indus dont la population en général serait bénéficiaire, nous miner par l'obsession comparative : regardez comment les Allemands... regardez comment les Slovaques... regardez comment les Suédois ont fait ceci et cela..., pas une ligne d'espoir pour te faire briller dans un dîner. Rien qui ne

---

1. Lire aussi *C'est plus grave que ce qu'on vous dit... mais on peut s'en sortir!*, de Pierre Larrouturou, Nova Éditions, 2012.

ré-enchante le rêve français. Si en fin d'année, on trouvait – avant les élections – 0,5 point de croissance, tu crierais victoire, toi ? Tu oserais ?

Quand tu dois argumenter dans un de ces dîners qu'affectionne Jean Degauche, où l'on «échange des idées» et qui commencent tous par : «On ne parle pas de politique!» pour finir depuis quelques mois par : «En fait Marine, si t'enlèves le côté raciste endémique du FN, elle dit pas que des conneries», tu te rends compte que ton discours est en fin de pile, que tu n'as plus un argument propre à te mettre et que toutes tes idées sont au sale.

Idéologiquement, tu es en slip.

Une agonie.

Pourtant, il y a dix-huit mois encore, tu affichais gentiment une naïveté de taureau entrant dans l'arène. Tu rayonnais même de la puissance que te conférait cette naïveté, prêt à affronter picadors Front de Gauche et toreros libéraux. On allait voir ce qu'on allait voir ! Encore imprégné du discours du Bourget où «mon adversaire c'est la finance» te fit presque pleurer, tu te sentais pousser des ailes pour porter haut l'idée qu'une gauche de gauche existait, qu'elle s'appelait PS et qu'elle allait changer la vie.

Tout de même, un conte de Noël au mois de mai, tu aurais pu te douter de quelque chose, non ?

Dix-huit mois sont donc passés. Ce soir, tu arriveras à ce dîner avec l'air ébahi d'un chevreau de six semaines grimpant dans le camion pour l'abattoir.

Déjà quand on te dira «bonsoir», tu sentiras une gêne ; la tradition française veut qu'on ajoute un «ça va ?» interrogatif après cette interjection. Ce «ça va ?» qu'on t'adressera sera ta première torture. Il sera interrogatif ou ironique, sincèrement désolé ou jeté trop vite, irrattrapable, comme un regret d'avoir posé la question :

– Ça va ? Enfin pardon je veux dire, heu… ça va quand même quoi, je veux dire ? Bon, entre.

D'autres seront cruels :

– Ça va, toi, malgré tout ce bordel ? Ce qui se passe avec Hollande là ? Il fait quoi, bordel, la danse de la pluie pour que tombe un orage de croissance ? Et vous, au PS, vous foutez quoi, nom de Dieu ?! Vous allez soutenir bêtement un syndic de faillite encore longtemps ou changer de crémerie ? La prochaine fois, je vote Mélenchon, moi !

D'autres te tendront à peine la main, comme si ce socialisme que tu traînes comme une invalidité s'attrapait. Tu as un peu honte.

Tu montres encore ton appartenance au PS mais comme l'exhibitionniste montre son matériel : furtivement et sans amour-propre.

Le PS est entré en soins palliatifs et tu n'y peux rien : il est vieux, usé, fatigué. Son heure est venue. Toi le militant, tu pars simplement avec l'eau du bain.

Et ce bain se vide depuis trente ans.

Souviens-toi du 23 mars 1983 à 11 heures du matin.

Ça ne te dit rien le 23 mars 1983 à 11 heures du matin ? Tous les socialistes connaissent cette date pourtant. Mais tu n'es qu'une petite main, c'est vrai.

Le 23 mars 1983 à 11 heures du matin – c'était un vendredi – François Mitterrand – qu'on n'appelait pas encore Tonton – fit le choix, après d'âpres discussions avec les plus hautes instances du parti, de rester dans le système monétaire européen. On esquissait l'idée de monnaie unique, on y brouillonnait ce qui deviendrait la matrice de l'euro. Un génie voulait même appeler ça «l'écu» et avait confié son design à Sylvia Bourdon, une ex-actrice porno des années 70. François Mitterrand allait accepter ce jour-là un plan de rigueur sans précédent afin de prendre en compte les contraintes de l'économie de marché. Fin de l'histoire.

C'était Lionel Jospin le premier secrétaire en 1983. Il parlera de parenthèse et oubliera de la refermer en arrivant lui-même au pouvoir en 1997. Le même qui en 2002 dira : « mon programme n'est pas socialiste et l'État ne peut pas tout ». Le même qui oubliera aussi d'être au second tour de la présidentielle de 2002.

En 1983, Le Premier ministre était Pierre Mauroy, vieux socialiste humaniste et social. Ouvrier aussi. Le dernier secrétaire du parti socialiste à avoir eu un métier. Il laissa bien vite la place à Laurent Fabius. Celui-là était jeune, brillant et, croyait-on, moderne... c'est lui qui baissera les impôts des plus riches dans des proportions qui impressionnèrent les plus libéraux. Personne n'a fait mieux depuis. Il vient de publier son patrimoine : 6 millions d'euros... même ses amis socialistes se marrent : *comment, il a si peu ?*

En acceptant la logique du marché, que la logique du marché, rien que la logique du marché, le PS faisait le choix de ne plus être de gauche [1]. Tout bascula le 23 mars 1983. « Modernisation », « refondation » furent les cache-sexe du renoncement. En croyant ouvrir les yeux sur le « monde tel qu'il est », le parti socialiste renonçait à le transformer « tel qu'il serait bon qu'il soit ».

Idéalisme ? Même pas. Avoue que dicter des règles économiques communes qui tiennent compte des libertés

1. Frédéric Lordon qualifie assez justement le PS de « droite complexée » et Emmanuel Todd qualifie cette gauche de « fraction modérée de la droite ».

individuelles, de la justice sociale et les faire respecter n'est pourtant pas si aberrant. Ça n'est même pas «de gauche» si on y réfléchit. D'ailleurs, l'enjeu n'est sans doute plus entre «de gauche» ou «de droite», mais entre régulation ou pas régulation. Qu'au nom de la liberté des lions les lions demandent le retour à la loi de la jungle, ça peut se comprendre. C'est que tous les autres acceptent qui est incompréhensible.

La régulation du marché, l'énonciation de règles strictes et contraignantes, mais structurantes sur le long terme, c'est ce que fit Roosevelt en arrivant au pouvoir en 1933 et qu'il scella dans le marbre avec les accords de Bretton Woods en 1944, en tout cas le croyait-il en les signant. Et Roosevelt n'était pas de gauche.

À ce stade la question qui mérite qu'on s'y arrête pendant quinze lignes est la suivante : «Oui, mais c'est quoi être de gauche?» Affaire de perception, disait Deleuze. C'est intéressant la perception. On peut être d'accord ou pas mais pour éclairer ta lecture voici la mienne : la vision large est de gauche. Être de gauche, c'est dessiner le point d'arrivée d'un projet qui prend en compte le plus grand nombre, l'idéal de ce projet s'il fonctionne comme prévu, pour y donner du sens et tracer un chemin «vers». À l'inverse, «être de droite» signifiant avoir «le nez dans le guidon» et gérer ce qu'il y a à gérer sans se poser la question du lendemain en d'autres termes que «demain est le même jour : on fait pareil». Bien pratique pour arguer de «réalisme de droite» opposé à «l'idéalisme de gauche». Mais à l'évidence, sans idée de là où on va et pour quelles raisons ce «là» est mieux qu'un autre, les raisons de faire changer ou évoluer les choses n'apparaissent plus ou semblent intenables. La droite organise toujours l'impuissance face à l'espoir.

C'est comme ça et pis c'est tout, résume la pensée de droite. *Quand la gauche organise à son tour l'impuissance, elle cesse d'être la gauche et devient la droite. «De gauche», c'est donc le mouvement vers quelque chose. Amen.*

Toi-même, ami socialiste, tu te demandes ce qui s'est passé pour que ce parti que tu aimes encore en arrive là?

Un mariage.

– Mademoiselle LaGauche, rebelle et progressiste, héritière putative de la «Section française de l'Internationale ouvrière», voulez-vous prendre pour époux monsieur Lemarché ici omniprésent?

– Ha ben voui alors!

À l'époque elle ne voyait pas le mal.

Bien sûr, des vieux oncles radoteurs la mettaient en garde, mais elle n'écoutait pas. Elle vivait avec son temps, elle avait mûri, et les enfantillages révolutionnaires quand on est en responsabilité, ça va bien cinq minutes. D'ailleurs, elle ne se renierait pas, promis! Et effectivement, il lui arriva de bousculer monsieur Lemarché, elle chercha à le calmer, lui imposa parfois ses désirs d'équité, de justice sociale et imagina même le «réguler» à coup de code du travail et de redistributions des richesses…

L'amour rend aveugle, un peu con et puis sourd aussi, visiblement.

La révolutionnaire était devenue une épouse. Et comme toute bonne épouse de riche, elle s'occupa de bonnes œuvres: son mari la plaça à la tête d'un machin hybride sans but précis et qui allait servir de poubelle pour idées de jeunesse: la social-démocratie. Célibataire et libre, elle vivait comme elle l'entendait et surtout comme elle aimait l'imaginer.

Mariée, elle devait fidélité et allégeance, pour le meilleur et pour le pire.

Avec le temps, monsieur Lemarché changea. Il avait de nouveaux amis, rentrait de plus en plus tard, il prit du galon, devint Môssieur Lafinance Internationale. À partir de ce jour, impossible de lui adresser la parole autrement qu'en baissant un peu la tête et surtout sans soutenir son regard. Il n'avait même plus de regard, mais des lunettes fumées.

Quand madame et sa social-démocratie le croisaient dans un sommet, il était hautain et froid. Le reste du temps : opaque.

Il se mit à la tromper avec les ultra-libéraux – Le libéralisme est la version pornographique du capitalisme, sa version extrême, hard, crade, sans classe, sans hauteur, sans «Histoire» – Le gentil monsieur Lemarché avait bien changé : il allait au bordel de la finance pour son plaisir immédiat. Madame Social-Démocratie ne voulut pas divorcer. Ou ne put pas. Pas facile de s'enfuir quand c'est l'autre qui a le pognon et qui, de fait, contrôle ta vie.

La suite, tu es en train de la vivre, camarade socialiste.

Si je file la métaphore maritale, c'est pour que tu visualises avec qui tu traînes : le PS est devenu une vieille bourgeoise liftée de tous côtés et cocue quand même.

Et comme ce parti conserve la mémoire de sa forfaiture, le PS est honteux.

Mais tu ne veux pas le voir. Tu ne peux pas le voir. Tu es dans le déni.

Combien de temps encore, docteur ? Un quinquennat ? Deux ? Quoi !? Six mois maximum ? Non, vous déconnez !?

Tu veux croire que ce vieux monde est sauvable de lui-même par toi-même. En distribuant encore et encore les tracts sur papier recyclé portant les slogans foireux des Séguéla d'aujourd'hui :

Avec le PS! Tous-unis-ensemble-contre-tous-les-méchants-mais-avec-eux-quand-même-un-peu-sinon-on-va-les-vexer!

– Tu trouves ça comment?

– Pas mal; ajoute quand même : Sans froisser personne non plus sinon la finance va nous faire les gros yeux.

– On met le logo avec la rose au poing ou pas?

– … Le? Tu parles de quoi, je comprends pas?

Tu veux encore et encore coller des sparadraps sur des jambes de bois pendant que les métastases de la réalité libérale font du grand huit sur le dos ta naïve espérance?

Le PS est devenu une immense fabrique d'avaleurs de couleuvres et de mangeurs de chapeaux. Ça fait aussi des carrières, ce qui n'est pas accessoire.

Mais quand Hollande prétend changer la vie avec une boîte à outils, j'ai l'impression de regarder un type qui veut me faire un numéro de claquettes avec des espadrilles.

Les socialistes ne sont pas uniformes!

Non, tu ne vas pas oser parler des courants?

Ne me parle pas des courants. Les courants ne te sauveront pas dans un dîner. Tu vas faire rire. L'aile gauche du PS qui, crois-tu, pourrait te rendre ta dignité, voire constituer un espoir, tu sais bien que c'est une création de vieux jeunes qui attendent que les vrais vieux qui occupent le terrain libéral cassent leur pipe pour prendre la place.

En 1983, l'aile gauche, c'était Julien Dray, Laurence Rossignol et… Harlem Désir.

L'aile gauche est la salle d'attente de l'aile droite. Toi-même, n'attends-tu pas ton tour?

Ton désarroi pourrait devenir touchant, mais non, même pas. Il ne peut plus l'être, c'est trop tard : tu es un militant socialiste et Harlem est ton prophète.

– Section française de l'Internationale ouvrière. Ça sonnait pas mal non?

De Jaurès à Désir, qu'est-il arrivé au socialisme?

Alors, ce soir au dîner, tu vas dérouiller. Tu ne seras plus que chair à bonnes blagues et tu serviras de crachoir à frustrations. Le plus pathétique, mon ami, mon camarade, mon champion, c'est lorsque, tel Cyrano, tu n'abdiqueras pas cet honneur qu'on te fera d'être la cible.

Tu resteras sourcils froncés, menton haut, digne et dérisoire. Car hélas, tu n'auras même pas le courage de fuir. Tu sortiras laminé et couvert de fiel.

Je ne suis pas optimiste, tu trouves? Vrai. C'est un peu ta faute. Regarde-toi : tu as plus l'air d'un cul-de-jatte avec un pied dans la tombe que d'un chevalier Jedi.

Alors pourquoi te fournir ce petit manuel puisque c'est cuit? Parce qu'au fond, tu me fais peine et que je t'aime bien. Tu n'es qu'une petite main, ta candeur habille ta sottise et pas l'inverse; ce qui te sauve de l'indignité. Tu as été de gauche à un moment de ta vie. Tu crois même l'être encore. Et même l'es-tu sans doute au fond de toi. Mais le parti socialiste... mon Dieu, non. Il faudrait inventer un code linguistique pour dire ce que nous sommes vraiment, toi et moi, un idiome qui signifierait : « *parti socialiste MAIS de gauche* ». Un gros chantier en perspective.

En attendant, voici quelques conseils pour que les dîners avec les Jean Degauche, qui attendent les réformes qui remettront de l'ordre dans ce monde dérégulé et sauvage, se passent le moins mal possible pour toi.

Pour tes dîners avec les gens de droite, débrouille-toi. Eux aussi ils t'engueulent mais pas pour les mêmes raisons.

Ici tu trouveras quelques « trucs » pour éviter les sujets de conversation qui fâchent. Ceux sur lesquels le parti socialiste devrait se couvrir de cendre et nous apporter les clefs de Solférino, tête basse et corde au cou en implorant notre clémence, car ils savent que la tentation est grande de nous livrer sur eux à des actes de barbarie insupportables comme leur retirer leur voiture de fonction.

Je ne te garantis pas que ce manuel te rendra la fierté, c'est un peu tard, et il est fait pour détendre et rire un peu. Mais au moins t'évitera-t-il le goudron et les plumes.

Tu n'es pas obligé d'aller plus loin dans ces pages si tu penses que ça peut devenir pénible. Je comprendrais. Dans ce cas, choisis la facilité : reste chez toi, refuse toutes les invitations à dîner, rase les murs et personne ne se moquera de toi, c'est certain.

Ça comporte quelques avantages comme avoir beaucoup de temps pour explorer le fond de ton âme et faire l'expérience du silence, de la solitude et du froid : dans ta condition, tu n'auras aucun mal à faire le mort.

Si une personne partage ta vie, ce confinement volontaire sera l'occasion de te rapprocher d'elle. Toutefois, chiant comme tu pourrais le devenir, anticipe raisonnablement une vie de célibat.

Si tu choisis l'enfermement donc, ne sors plus que pour tes besoins de première nécessité : les courses, le travail et la réunion de cellule du parti socialiste de ton quartier avec des gens « comme toi ».

– Bonjour, je m'appelle René et je suis socialiste.

– Bonjour René !

Sinon profite des conseils qui suivent.

CHAPITRE 1

Assume tout avec un rien de condescendance agressive : sois dandy

Le dandysme n'est pas une façon d'être, mais le moyen absolu de ne pas être en affichant une certaine élégance. Le dandy disparaît derrière une incontinence verbale pour éviter d'être responsable de quoi que soit en ce bas monde. Exprimer et ne rien dire. Le dandy est raffiné et habille son cynisme d'un manteau culturel, souvent usurpé. C'est très socialiste non ?

C'est une attitude qui fonctionne très bien mais pas dans tous les milieux. Je te la conseille si tu dois honorer un dîner chez des employés peu cultivés, voire des ouvriers. Parenthèse : tu es socialiste d'accord mais... tu vois ce que c'est qu'un *ouvrier* quand même ? Rassure-moi ? Il en reste peu, je te l'accorde, mais il y en a encore, le sais-tu ?

Je dis ça parce que cette attitude *dandy* n'est opérante que chez des gens qui cultivent l'humilité jusqu'à l'effacement. Ils ne t'appelleront pas « not' Maître », faut pas exagérer, mais ils ont gardé une certaine appréhension devant celui qui parle beau.

Ces gens subissent la crise depuis toujours et passent bien trop de temps à chercher du travail pour trouver celui de lire des ouvrages d'économie ou de sociologie, d'études prospectives du CNRS ou de l'EHESS dans lesquelles on trouve des merveilles pour penser l'avenir. Ta chance : ils ne les lisent pas.

Plantons le décor : ce soir ta sœur t'a invité à dîner chez des gens qui souffrent quotidiennement de la crise dans leur sang, dans les soins dentaires qu'ils repoussent d'année en année jusqu'à ce que la douleur soit intenable et qu'ils arrachent la molaire cariée eux-mêmes ; dans les lunettes qu'ils ne changent plus et qu'ils se repassent de myopes en presbytes et qu'après on s'étonne que les gosses ne suivent pas bien à l'école ; dans la viande qu'ils restreignent aux déjeuners du dimanche ; dans les vêtements qu'ils passent du grand frère au petit frère, puis au cousin, puis aux amis et aux amis d'amis – c'est pour cette raison je suppose que cet élève en grande section de la rue des Murs-Gris à Concarneau portait dans la cour de récréation un T-Shirt *Giscard à la Barre* – ils souffrent de la crise dans des détails quotidiens qu'ils ne peuvent pas toujours masquer avec cette dérisoire dignité ouvrière qu'on ne trouve pourtant jamais chez l'actionnaire ; des détails comme les peintures écaillées du mur du couloir à cause d'une fuite d'eau, qu'ils n'ont pas remises en état depuis 1998 ; c'était la veille de la finale de la coupe du monde et ils avaient pris ça à la rigolade, tout à cette euphorie Black-Blanc-Beur si positive qu'elle devait redonner de la confiance au pays et relancer la croissance ; comme si un somnifère aussi puissant que le foot pouvait donner la pêche ! Bref, tu es obligé d'aller dîner chez les amis de ta sœur parce qu'elle a promis que tu pourrais trouver un stage à Solférino à leur aîné qui a une maîtrise de sociologie.

Avec ces gens-là, qui ont voté Mitterrand deux fois pour que ça change, puis Chirac deux fois pour que plus rien ne bouge et enfin Sarkozy pour «gagner plus», je ne te conseille pas d'épiloguer sur les réformes entamées, le temps médiatique *versus* le temps législatif, l'Europe si incompréhensible et pourtant tout aussi indispensable et autres âneries que leur servent déjà les JT de 20 heures; JT qu'ils ne regardent plus, je suppose, sinon pour quelles raisons Cyril Hanouna ferait-il autant de monde sur D8? À ce propos, je rappelle aux moins informés de mes lecteurs que la télécommande est l'outil de liberté et d'autodétermination des peuples le plus efficace. ET EN PLUS il est fourni avec l'objet d'aliénation. J'en profite aussi pour me rappeler à moi-même que les peuples n'aspirent absolument pas à l'autodétermination télévisuelle.

En regardant la tablée, tu comprendras que le temps où tu transformais ces dîners en débats stimulants comme tu le faisais encore en 2011 lorsque tu croyais qu'on pouvait changer la vie, est passé. Regarde-les. Tu vas vraiment changer leur vie?

Le dîner s'annonce difficile donc. On va te demander timidement de justifier en bloc la politique de Hollande! *Pourquoi ne fait-il rien pour nous? Pourquoi reçoit-il aujourd'hui le monde de la finance, son adversaire? Pourquoi la TVA augmente sur tous les produits et les très riches ne paient rien dans les paradis fiscaux? Et les retraites pourquoi il fait ça? Et les jeunes, il avait dit que c'était sa priorité, etc.* En somme que des questions simples dont les réponses sont toutes aussi simples, donc... tu seras embêté pour répondre. Sans parler de trouver un stage au diplômé.

La soirée s'annonce mal.

Le monde «tel qu'il est», tu l'as devant toi : un surdiplômé en carafe et un dîner sous cellophane payé avec des minima sociaux, alors n'hésite plus, affiche ton dandysme désespéré.

Pour ça, il faut boire beaucoup, lire un peu et apprendre par cœur des citations paradoxales de penseurs aux noms incontournables. Puis orienter le dîner vers l'idée que tout ce qui arrive était inéluctable. Qu'on ne vient de rien et que nous n'allons nulle part et que le vain est tiré. Oui, tu as droit aussi à quelques jeux de mots.

D'autres feraient mieux que Hollande? Faux! Jette-toi dans les généralités : la politique, c'est foutu de toute façon et les Athéniens, pour inventer la démocratie, ils envoyaient leurs esclaves faire les courses; comme ça, ils pouvaient bavasser tranquilles sur les bienfaits de l'égalité! Et que même si la démocratie est née en Grèce d'une crise qui ressemble à la nôtre – trop de fric pour les uns, rien pour les autres – , l'histoire était blette d'entrée.

Ton credo ce soir : un socialiste est au plus fort du «possible» quand il se résout à abandonner l'idée de «souhaitable».

Cabotine autant que tu peux et bois. Bois beaucoup. Bois sans cesse. L'aigreur étalée sur les convives et l'alcool sur ta chemise te fera, au pire, prendre en pitié.

Essaie de mettre les rieurs de ton côté même si tu auras du mal à trouver des rieurs en renversant le vin à 3,90 euros qu'ils ont sorti du cubi pour le servir en carafe Arcopal à l'occasion de ta venue! Pique deux ou trois vannes à Gaspard Proust et Nicolas Bedos, qui ont fait du dandysme cynique un art de vivre. En tous les cas… eux, ils en vivent bien.

Devance les assauts.

Ne perds pas de vue que tes hôtes, même affligés par Hollande, accablés par la crise, sans espoir dans la politique

noins de gauche et frustrés par la victoire du
me l'UMP. Pour ces pauvres gens, en 2012,
ϱeʳ de logique, pas seulement de Président.
ᴊ ailleurs pour ça qu'ils avaient, encore une fois – la
dernière? – voté socialiste. Aujourd'hui, ne te leurre pas : ils
seraient prêts à faire la peau du premier bouc émissaire venu
s'ils en avaient encore la force et, en ta qualité de militant PS,
tu as une bonne tête de booster.

Bondis avant que la foudre ne te frappe, lève ton verre
et hurle en renversant un peu de vin, adroitement gaffeur :
«Vous vous lamentez, mais vous ne faites rien! Rien du tout!
La populace ne peut faire que des émeutes. Pour faire une
révolution, il faudrait un peuple!»

C'est de Hugo. Va sur Internet, il y a des tonnes de citations.

À partir de cet instant, ne leur laisse plus la parole, occupe
l'espace sonore, crois-moi, entre un mauvais discours et une
bonne conversation, choisis toujours le mauvais discours : il
est sans contradicteur. Moscovici, tu crois qu'il existe encore
pour quoi? Fais comme lui, noie le poisson dans des thèmes
culpabilisants, en l'occurrence, les râleurs du dîner :

– Quel peuple sommes-nous? Je pose la question : quel
peuple sommes-nous, Martine!? Je veux dire nous, Français,
quels choix pouvons-nous réellement faire? On ne bat plus
monnaie, on n'a de culture que celle dont nous abreuve
l'anglosaxonie triomphante, et nos frontières s'étendent de
l'Islande à l'Estonie, de la Finlande à la Grèce! Que pouvait
faire Hollande, dans le contexte actuel? Hein? Vas-y, toi le
diplômé en «ça sert à rien», il pouvait faire quoi? Il a fait
au mieux : il a remplacé la crainte par l'espérance. Sarkozy
n'est plus là et rien que ça, c'est un mieux. Hollande n'est pas
parfait? OK, mais c'est pas non plus un pire, c'est un moins
mieux… au pire.

Normalement ils devraient être d'accord puisque c'est incompréhensible.

Improvise le moins possible, c'est casse-gueule et quitte ce dîner le plus tôt possible, c'est plus sage. De toute façon, avec ce que tu picoles depuis l'apéro, en toute logique, tu devrais faire l'impasse sur le café.

Donc résumons : Hollande fait ce qu'il peut, il n'est pas aidé, ni par les sceptiques comme eux ni par l'Europe et de toute façon qui d'autre ?

Puis attends que tes hôtes reviennent à la charge pour le stage du diplômé en socio. C'est quand même pour ça que ta sœur t'a invité. Là tu auras un boulevard : cite De Gaulle ! C'est lui qui connaissait le mieux les Français. *Et voilààààà !* *Le désir du privilège et le goût de l'égalité, passions dominantes et contradictoires des Français de toute époque.*

Enchaîne sur l'incapacité à réformer ce pays et accuse-les de la paralysie qui en découle :

– Vous êtes bien des Français, tiens ! Vous n'aimez pas la liberté parce qu'elle vous oblige à réfléchir ! Avec Sarkozy, vous râliez par réflexe ! En fait, vous êtes « giscardiens ». Vous voulez le changement dans la continuité ! Seulement on ne peut pas avoir le beurre, l'argent du beurre, le cul de la crémière et le sourire du crémier, et pourquoi pas 30 % de la crémerie aussi, tant qu'on y est ?! Sarkozy vous a flatté le flanc droit : « Lève-toi et bosse », Méluche vous excite le flanc gauche : « Foutons-les tous dehors et restons entre nous ! » Mais juste accepter le monde tel qu'il est, et faire confiance à François, ça non ! Ça, ça vous dépasse, ça ! C'est parce que vous ne VOULEZ pas que ça change que rien ne bouge ! Les réformes avancent pourtant, soyez optimistes bande d'ingrats !

Engueule-les mais pas trop longtemps.

Ensuite prétexte une envie de vomir pour demander les toilettes, enchaîne sur la fatigue puis la sortie.

Tu ne te seras pas renié et ta sœur te pardonnera quand une lettre d'Harlem Désir – que tu auras prévenu, il peut faire ça pour toi – répondra négativement à la demande de stage non rémunéré du surdiplômé, arguant en termes polis qu'au PS, la sociologie ils ont déjà, ce qui les intéresse en ce moment, c'est des juristes.

Attention pour finir !

Prends soin de te renseigner avant ton dîner : si les amis de ta sœur ont une bonne connexion Internet sur leur smartphone, ils pourraient découvrir la supercherie culturelle pour ce qui concerne les citations.

Rien de grave néanmoins : si tu ajoutais le déshonneur à l'imposture tu n'aurais que l'air de ce que tu es déjà : un socialiste.

Dans le cas où la supercherie éclaterait, l'excès serait la règle : dresse-toi face à la tablée, balance le verre de vin sur le mur blanc, lève bien haut un doigt d'honneur à chaque main et dit quelque chose comme :

– Marre de devoir supporter vos suspicions en permanence, non, je n'ai pas et je n'ai jamais eu de compte sur « citations.com » et je vous remercie, monsieur le diplômé, de me donner l'occasion de le dire devant tout le monde.

C'est adapté de Jérôme Cahuzac in : « Mon intervention devant la représentation nationale ».

Puis sur le pas de la porte, lâche en forme d'excuse :

– Désolé Martine, mais ceux qui croient que le pouvoir peut tout confondent pouvoir et abus de pouvoir.

C'est du Malraux, adapté aussi.

Assume tout...

Il se peut qu'en descendant l'escalier tu culpabilises un peu, c'est normal. Cette famille pourrait voter Front National aux prochaines élections.

Tout cela est vrai. Console-toi en te disant que tu as eu, en petit et avec ta sœur, la même attitude que les socialistes ont en grand avec la France.

Dernier conseil : si tu n'es pas trop loin, rentre à pied. Évite les taxis, ils sont soit racistes soit étrangers. Dans les deux cas, ils n'aiment pas les socialistes.

CHAPITRE 2

Le sujet masquant
ou comment occuper le terrain

Le propre du sujet masquant, c'est qu'il doit être plus fort que tous les sujets possibles d'un instant T : canicule en été, froid en hiver, chassé-croisé du 15 août ou massacre d'élèves dans un collège du Dakota du Sud. Il doit autant que possible t'être personnel en même temps qu'universel. Ça n'est pas simple.

Ce soir, c'est ton pote de fac qui t'invite, Jean-David, celui avec lequel tu faisais de l'entrisme en investissant le ciné-club du lycée dans les années 80. La culture et les filles, rien de mieux pour impliquer les élèves et les embarquer dans le militantisme. Toi, tu as continué et tu bosses à Solférino, au siège du PS. Ton pote s'est marié à Martine avec qui tu avais eu, à l'époque, une aventure juste avant lui et il a réussi dans le design-market en transformant des cagettes de tomates en tables de nuit. Il a monté sa boîte en 88, juste près la réélection de Mitterrand, il l'a vendue en 2003 à une multinationale du secteur et a acheté une maison dans le Luberon avec dix-sept hectares d'oliviers qu'il exploite depuis. Art de vivre et confort écologique étaient ses credo.

Ne pas perdre sa vie à la gagner en quelque sorte.

Il a bien gagné sa vie quand même avec ses arbres, mais depuis quatre ans il stagne et il tire la patte pour faire trois ronds avec son huile d'olive bio. Et la banque lui refuse des prêts pour moderniser l'exploitation. C'est pour ça qu'il a voté Hollande deux fois en 2012. Il savait que Sarkozy ne bougerait pas sur la séparation des banques. Du coup, ton pote a des envies de meurtre. Et toi qui es toujours militant PS, ce soir, tu vas dérouiller pour tout le gouvernement. Tu ne seras pas sauvé par les autres convives, ils sont pires : cultivés, à l'aise financièrement et qui ont gardé une conscience de gauche. Les abrutis du camp d'en face les appellent «bobos» et les couillons de l'autre bord «gauche caviar». Ils sont informés et impliqués dans la vie associative de leur quartier… sauf le week-end parce qu'ils sont dans leur maison de campagne où ils sont très impliqués dans la vie associative du village… sauf la semaine parce qu'ils sont dans leur quartier bobo. Ceux-là, si tu veux les rouler dans la farine socialiste, il va falloir te lever très tôt et te coucher très tard parce qu'ils en sont revenus et pas qu'un peu. Et ils sont restés de gauche.

Donc tu vas devoir être malin et comme tu es encore au PS, c'est là que je peux aider.

Comme la créatine masque la prise d'anabolisants chez le cycliste, le sujet de conversation improbable peu efficacement détourner l'attention durant un dîner. Mais le produit masquant se manie plus précautionneusement que la nitroglycérine. Lance Armstrong lui-même a fini par craquer. Alors, si tu ne veux pas terminer chez Oprah Winfrey à avouer devant tout le monde que tu es socialiste, prépare-toi bien.

C'est une question d'attitude.

Cas n° 1 : sujet masquant à base de volubilité

Dès que ton pote t'ouvrira la porte, prends les gens dans tes bras, souris et embrasse-les comme Roger Hanin dans les films d'Alexandre Arcadi. D'ailleurs n'hésite pas à dire que ce sont de bons films, que tu les as tous revus en DVD que tu as achetés en coffret! Parler d'un film d'Arcadi avec enthousiasme peut occuper l'entame de l'apéro, guère plus, mais au fond, si personne n'aime ces films, tout le monde les a vus et ils constituent un socle d'ironie culturelle commun. Ça dissertera sur : *Le Grand Pardon* plagiat du *Parrain* ou hommage à Max Pécas? Il te suffira par petites touches d'alimenter la conversation en remémorant des scènes. Attention! Tu devras assumer pour le reste de tes jours cette passion pour les films d'Arcadi! On se moquera de toi, mais ça sera toujours moins pénible que d'avoir à justifier une intervention de François à la télé lorsqu'il affirme qu'il a mis les réformes en route avec une boîte à outils portative et qu'elles donneront leurs fruits entre 2014 et 2058.

Tu ne passeras pas le dîner tranquille avec un seul film. Élargis sur les films de votre jeunesse, le ciné-club, Harold Lloyd et *La Grande Évasion*, Chaplin et Le Monty Python's Flying Circus, ce choc humoristique fait d'absurde et d'intelligence que vous aviez reçu, tu t'en souviens? La nostalgie donne le sourire.

Un risque toutefois : si vous êtes nombreux à table, une autre conversation, que tu ne contrôleras pas, va se développer plus loin entre ton pote qui connaît vos histoires par cœur et un Jean Degauche qui va lui expliquer pourquoi sa banque ne lui prête pas de quoi investir dans un moulin à malaxage en remplacement de son vieux moulin à pressage, certes artisanal et naturel, mais qui met des plombes à faire de l'huile d'olive.

L'explication est simple : si ton banquier te prête 100 euros, son risque est de 100 pour un gain potentiel entre 2 % et 3 %, montant des intérêts de ton crédit.

Si ton banquier spécule avec 100 euros, son risque est toujours de 100 mais pour un gain potentiel sans limite : 5 %, 10 %, 50 %, 500 % ! Et subtilité des banques universelles, quand il perd les 100 euros – ce qui lui arrive quand même souvent –, l'État couvre la perte pour ne pas que la banque disparaisse et l'argent des contribuables avec.

Donc ton pote est en train de comprendre pourquoi sa banque ne met pas ses meilleurs éléments dans un bureau de succursale pour étudier son dossier et bosser, mais dans une salle des marchés pour jouer au casino avec l'argent des autres. La conversation va venir sur la politique et tu vas morfler ! Reste volubile et envoie le sujet masquant n° 2.

Balance un secret de l'époque du ciné-club, quitte à l'inventer :

– Vous savez que c'est grâce au ciné-club que Jean-David a eu une relation sexuelle torride avec une femme mûre ? Comment elle s'appelait déjà ? Mais si la vieille avec la mèche blanche là ? Elle avait des cheveux corbeau et une mèche blanche juste là, sur le côté, comment elle s'appelait déjà ?

Jean-David te regardera avec une grande incompréhension mâtinée de panique jusqu'à ce que sa femme dise :

– Elle s'appelait Eva-Lise. Elle s'appelle toujours d'ailleurs : c'est ma mère, elle m'accompagnait au ciné-club tous les mardis soir, quelqu'un veut du café ? Jean-Da, tu viens m'aider s'il te plaît, il faut que je te parle.

Là, ne t'excuse même pas et file. La nostalgie ne donne le sourire qu'à celui qui en est dépourvu.

Cas n° 2, le sujet masquant à caractère ciblé

Là c'est plus risqué, plus physique et ça ne marche qu'avec des gens de gauche impulsifs.

Tu remarqueras qu'il faut toujours aller dans le sens de la nature profonde de tes interlocuteurs. Il ne sert à rien d'essayer de raisonner des impulsifs ou de convaincre des intellos. Flatte leurs penchants. Chez un Jean Degauche impulsif et marseillais par exemple, n'hésite pas à encenser le PSG.

Ne crois pas que l'impulsif ira extrapoler sur la glorieuse incertitude du sport qui a disparu sous les milliards déversés à perte sur certains clubs par des mécènes dont les raisons profondes et secrètes nous échappent. Non, il va bondir sur l'anecdotique, là où il y a de la chair à mordre, sur le détail : le jeu du PSG. Tu vas te faire traiter « d'inculé » voire prendre des coups, mais guère plus. Même si, pour ce qui concerne le socialisme du côté de Marseille, plus personne n'a honte de rien et que tu pourrais te contenter de sourire avec l'air de celui qui sait des trucs, c'est plus sûr de dire du mal de l'OM pour passer une bonne soirée.

Adapte selon ta région bien sûr.

Dire à un Stéphanois de gauche que l'Olympique Lyonnais est une grande équipe et Jean-Michel Aulas son président un gars sympa comme tout peut largement occuper un dîner entier. Crache sur le « peuple vert » en les traitant d'andouilles à perruques vertes et Rocheteau de Parisien. Ça va tanguer, tu peux prendre un coup de bambou sul' gando, comme ils disent là-bas, mais tu passeras la soirée tranquille.

Pareil pour un Rennais chez des Nantais, etc.

Cas n° 3 : le sujet masquant à caractère médical

Se faire plaindre reste un must pour éviter de se faire engueuler. Si tu es jeune, évoque un mélanome cutané situé dans un endroit immontrable. Dis que tu as un cancer de la prostate si tu es cinquantenaire, sans préciser son évolution, ne va pas dire que tu es en phase terminale si tu rentres tout bronzé d'un week-end à Palavas, je te rappelle que la chimio ça rend chauve avec des taches marron, pas cuivré comme une Niçoise.

Mais profite du cancer, c'est un sujet qui peut occuper quelques dîners supplémentaires ! C'est évolutif, un cancer, ça incube sournoisement au fond de tes entrailles et ça ne se voit pas sur ta tête. Tu remarqueras que les gens n'aiment pas parler cancer à table, sauf si celui qui le couve insiste. Pour évacuer. N'hésite pas à dire que ça fait du bien de parler de ça avec de vrais amis et verse une larme. Un peu de citron caché dans ta paume fera la blague. Crois-moi, même un salaud de gauche hésite à attaquer un cancéreux sur ses errances politiques. Mitterrand a tenu treize ans comme ça.

Attention à ne pas aborder la politique de santé !

Sujet à très haut risque ! La privatisation du secteur est en marche depuis deux décennies et Hollande ne va pas arrêter le processus, c'est un truc à te faire sortir du dîner à coups de pied dans la prostate.

La conversation masquante médicale est payante si on ne va pas trop loin, tu n'es plus au lycée, je te rappelle qu'une grand-mère ne peut mourir qu'une fois seulement.

Pareil si le dîner est constitué de militants Front de Gauche agressifs; invoquer une maladie de ton gosse, ou même son décès aux urgences à cause d'un manque de personnel dû à l'administration précédente, c'est une mauvaise idée, tu vas trop loin! Tous les militants du Front de Gauche un peu informés te diront que ce sont... *effectivement les 35 heures qui ont mis la pagaille dans l'hôpital, camarade, mais c'est à cause des infirmières qu'on n'a pas formées pour appliquer ce nouveau rythme de travail. C'est Martine Aubry qui a merdé là-dessus aussi avec la deuxième loi sur les 35 heures! Si elle avait signé le décret pour former 40 000 infirmières au lieu de vouloir faire des économies ridicules, les 35 heures à l'hôpital, ça serait pas un problème et ton gosse serait encore vivant.*

Dans ce cas, remercie ce sympathique militant, il vient de te donner ton bon de sortie. On sort du sujet masquant pour entrer dans le pot belge de mauvaise foi mais il faut ce qu'il faut :

– Quoi!? Tu veux dire que mon fils est mort la semaine dernière à cause de Martine Aubry? Mais tu perds le sens commun Jean-Louis!

C'est gros donc ça passera.

Cas n° 4 : les sujets masquants «ça vient d'arriver juste là tout de suite»

Marche très bien pour un dîner qui se déroule chez des gens qui vivent dans un quartier «réhabilité».

Il y en a dans toutes les grandes villes : anciens entrepôts commerciaux, quais du fleuve du coin, quartier mal desservi par les transports, etc. Ils sont très fiers d'habiter là. Ils ont accès à de grandes surfaces locatives pour un prix dérisoire.

En général, ils occultent les désagréments et les gênes endémiques de ces endroits comme les rats qui pullulent sur les quais des fleuves et odeur d'excréments perpétuelle, isolation pourrie et facture de chauffage astronomique pour les entrepôts ET les rats aussi, ou encore coupe-gorge qui vous fait renoncer à sortir après 21 h 30 si vous avez oublié le pain pour le cas d'un quartier mal desservi. Si on t'invite dans ce genre d'endroit, pense d'abord à refuser l'invitation, si tu ne peux pas refuser pour des raisons qui t'appartiennent, sers-toi de l'environnement. Un socialiste qui s'occupe d'environnement, ça sera mis à ton crédit, c'est pas si fréquent.

Admettons qu'il s'agisse d'un quai de fleuve. Prétends que tu as été attaqué par une horde de rats grands comme des kangourous quand tu as voulu arracher à leur haine un pauvre chien qu'ils ont fini par déchiqueter quand même.

Si tu te rends dans un quartier «excentré», feindre une agression par des militants d'extrême droite est un must. Dans ce cas, tes amis auront peur. Une peur bleue que le prix de l'immobilier s'effondre si l'agression s'ébruite… le dîner tournera autour de ça et tu seras sauvé.

Ce sont des exemples. Tu as compris le principe.

Pour finir, les sujets masquants à éviter : annoncer à l'apéritif que ta nouvelle fiancée est âgée de douze ans, que tu l'as achetée à ses parents philippins pour une bouchée de pain et qu'en plus d'être une experte en fellation contorsionniste, elle s'occupe du ménage gratuitement, c'est une mauvaise idée : tu es chez Jean Degauche ; cette notion de travail non rémunéré aura du mal à passer.

Ne fais pas non plus un *coming out* sauf s'il est sincère et vrai. Ton hétérosexualité militante épate ton entourage depuis toujours, alors faire croire qu'à cinquante ans, tu as rencontré l'amour en la personne d'un Kevin, dentiste de son état et de trente ans ton cadet, ça va faire louche. Et en plus ce genre d'annonce mène tout droit la conversation vers le mariage pour tous :

– Écoute, nous sommes ravis pour toi, et puis maintenant, tu vas pouvoir te marier grâce à la nouvelle loi. Ça, c'est une des choses biens qu'a faites François. Les réformes sociétales, là il ose, il y va, parce que pour le reste, franchement, il est nul ! Et je ne revoterai pas pour lui sous prétexte qu'il a permis aux homos d'avoir le droit de faire les mêmes conneries que les hétéros, merde !

Si tu tiens à la jouer *coming out*, alors ajoute que tu n'es pas ce genre d'homo, que toi c'est plutôt pinces à tétons, fist fucking et adoption. C'est toujours attendrissant, l'adoption.

CHAPITRE 3

Fais peur

Ce soir tu dînes chez des érudits.

Ils sont universitaires, sexagénaires et informés. Ils connaissent l'histoire de la gauche, celle du capitalisme, la crise des années 30, la culbute dans le libéralisme dans les années 80 et la dérégulation totale qui s'en est suivie, le «laissezfairisme» et la prise de pouvoir de la finance, toute l'histoire des compromissions qui font qu'il y a encore des élus et… et ils ont malgré tout voté Hollande en 2012.

Tu peux commencer par leur demander, avec malice et sans agressivité, s'ils ne sont pas un peu cons?

Ils souriront car ils ont de l'humour. Le ton sera badin :

– Hollande a toujours été à la frontière de la droite, nous espérions simplement qu'élu, il oserait la franchir et passer à gauche.

Un humour pour Normale sup qui t'agace d'habitude mais que ce soir, je te conseille de trouver spirituel. Avant de dîner chez des érudits, il faut te préparer psychologiquement à être «inférieur».

À moins d'être toi-même un puits de science, ton attitude vaudra culture. Relis quelques passages de Châteaubriant, de Musset ou de George Sand pour t'imprégner du style romantique, ce soir tu ne t'en sortiras pas avec une aimable discussion, il va falloir y ajouter du style. Et en plus pour Églantine, c'est pas plus mal.

Oui, Églantine! C'est pour elle que tu es là. Une fille aux jambes interminables qui n'a que le défaut d'aimer les hommes francs et sincères. Elle veut te présenter son père avant toute chose et il est prof d'économie à Nanterre.

Si tu veux l'une, il faut te fader l'autre.

Bien évidemment, ce brave homme a invité quelques amis professeurs. Plus un seul d'entre eux n'est socialiste : tous sont de gauche.

Ça risque d'être pénible pour toi si tu te contentes de répéter les éléments de langage fournis en pack de douze par la direction du PS. Dans un dîner de ce genre, ils te laisseraient autant de chances de survie qu'un gnou malade face à une lionne qui a des gosses à nourrir.

En premier lieu, fais très attention à ton attitude vis-à-vis d'Églantine. Trop proche d'elle, tu vas agacer le vieux, et trop distant, tu vas lui donner une raison de taper. Dans ce genre de situation, un père doit se demander s'il a en face de lui un futur gendre.

Instille le doute, sois courtois sans être mielleux.

Dès l'apéro, tu vas avoir droit au premier sujet récurrent chez le professeur d'éco : la dette.

Je te rappelle rapidement le principe d'une dette : elle naît d'un crédit que tu as contracté et de la promesse de remboursement que tu t'engages à tenir.

C'est assez simple.

En réalité, aujourd'hui, l'idée de remboursement est à oublier puisque les gens en sont à prendre des crédits pour rembourser les crédits précédents, les États agissent de la même façon et plus personne sur cette planète ne sait comment rembourser la dette collective. Le fait de ne pas savoir constitue le fond du problème parce que tous les responsables agissent comme si cette question n'avait aucune importance et que creuser la dette ne s'arrêtera jamais. Pourtant le plus petit aide-comptable sait qu'on n'arrive pas à rembourser 100 euros quand on en gagne 50. Que tous les ministres de l'Économie du monde disent qu'on va quand même essayer reste un mystère. Ça revient à dire à un manchot qu'il peut gagner Wimbledon s'il... essaie, s'il est concentré sur l'objectif, s'il a un comportement positif, s'il veut vraiment, etc. Bref, des âneries.

Ton PS nous serine que la situation est sérieuse mais pas catastrophique, alors qu'à l'évidence tout cela est bien catastrophique et très loin d'être sérieux.

Nous sommes entrés dans la pyramide de Toutankhamon le nez en l'air en sifflotant et nous ne trouvons plus la sortie.

L'élément de langage fourni par le PS pour cette situation catastrophique est : *La dette est mondiale, nous Français, on ne peut pas faire n'importe quoi, jouer solo, on est obligés de tenir compte de l'environnement économique mondial. Une politique trop à gauche ferait peur et... il faut rassurer les marchés financiers, c'est-à-dire les préteurs.*

Oublie-le.

Autour de la table, tout le monde pense qu'il ne faut pas rassurer les marchés financiers, mais les dompter. Les remettre à leur place. Les obliger.

Ils sont de gauche, eux, je te rappelle.

Ils pensent comme Roosevelt «qu'être dirigé par l'argent organisé est aussi dangereux qu'être dirigé par le crime organisé». Si tu te lances avec l'argumentaire de Solférino, c'est le K.-O. assuré au premier round.

Laisse-les plutôt venir doucement et joue l'esquive au début. Acquiesce gentiment. En jésuite chafouin, j'allais dire en socialiste : leur point de vue est acceptable même si le contexte a évolué, etc.

Tu peux t'amuser à les agacer en jouant les naïfs : la dette d'un État n'est pas la dette d'un ménage, c'est plus complexe quand même? Non?

Un peu plouc, un peu fourbe.

Ils vont foncer tout droit. Une dette c'est une dette! Ils vont t'expliquer comme s'ils parlaient à un enfant de quatre ans :

– La dette, pour un État, c'est quand il ne couvre pas ses dépenses par l'impôt. Et il ne faut pas avoir fait HEC pour comprendre que si les pauvres ne paient pas d'impôts sur le revenu et trop peu d'impôts indirects puisqu'ils consomment trop peu, l'État s'appauvrit. Comme par ailleurs, on fait des cadeaux fiscaux aux plus riches depuis trente ans et que trop d'entreprises délocalisent leurs sièges sociaux dans des paradis fiscaux dès qu'elles le peuvent et ne paient pas, eh bien... pour ses dépenses, l'État emprunte!

Ils vont te sortir la courbe de la dette américaine, mère de toutes les autres, pour te montrer que l'économie a fonctionné sans dette, ni publique ni privée, pendant quarante ans parce qu'il y avait un équilibre à peu près équitable entre salariés et actionnaires, que l'impôt pour les très hauts revenus pendant cette période était de 90 %, c'est-à-dire confiscatoire et qu'il y avait malgré ça des riches très riches et qu'ils ne sont pas contre l'enrichissement personnel s'il ne se fait pas au détriment des autres, etc. Et que ce grand couillon de Reagan et cette teigne de Thatcher ont été les premiers à foutre en l'air cet équilibre fragile qui *in fine* galvaudera la démocratie. Ils te parleront de Friedrich Hayek qui disait : «Je préfère sacrifier la démocratie temporairement – je dis bien temporairement – plutôt que la liberté [...]. Personnellement je préfère un dictateur libéral à un gouvernement démocratique non libéral[1].»

Margaret Thatcher lui envoya un mot après avoir été élue : «Je suis fière d'avoir tant appris de vous dans les dernières années.» Ils te démontreront que c'est une doctrine qui a mené le monde là où il est et que Reagan et Thatcher, les Pipo et Mario de la déréglementation, ont une responsabilité énorme dans le chômage endémique d'aujourd'hui. Et tu seras bien embêté, ami socialiste, parce que les Français ont été les premiers à se convertir à cette orthodoxie libérale à mort et que c'est sous Mitterrand que ça s'est passé.

À mort est l'expression la plus juste, crois-moi.

N'essaie pas de contester ces courbes, elles émanent d'organismes non seulement sérieux, mais en plus libéraux.

---

1. Friedrich Hayek dans *El Mercurio* (journal chilien), avril 1981.

Dette totale aux États-Unis depuis 1952

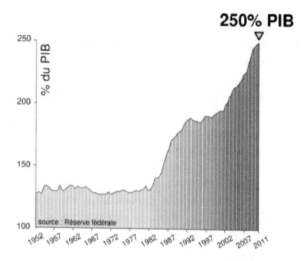

Tu la vois bien là, la rupture en 1981? Dérégulation = baisse des impôts sur les plus riches = accroissement de la dette publique = part des salaires qui diminue dans la richesse des pays = endettement pour garder son niveau de vie = explosion un jour ou l'autre.

Ne tique pas.

Opine du chef et souris à Églantine parce qu'ils vont continuer à jouer au chat et à la souris avec toi. Le ton sera toujours courtois.

– La dette a une explication idéologique, diront-ils.

Fais l'andouille.

– Ah bon, je croyais que l'idéologie, c'était des trucs d'intello de gauche?

Ils vont hurler, te prendre pour une bille absolue, laisse faire.

– À partir des années 80, on a privilégié par principe la richesse des pays, c'est-à-dire de leurs plus grosses entreprises et, pas celle des habitants. Ces deux richesses ne sont pas du tout corrélées pour le plus grand nombre, c'est même l'inverse.

Tu vas répondre poliment «coût du travail, compétition mondiale et sens de l'histoire». Ils vont hausser les épaules en te demandant dans quel livre sacré il est écrit que la vie est une compétition mondiale? Tu répondras «c'est le monde tel qu'il est» et qu'un employé occidental coûte cher, principalement en salaire et en prestations sociales et qu'il faut bien le prendre en compte dans l'approche de l'économie. Ils te diront que si on réduit la part des salaires dans le processus et que pour garder son niveau de vie, le salarié s'endette, surtout si on lui fourgue des crédits de moins en moins chers, c'est un cercle vicieux, que ça revient à différer les impôts qu'il faudra lever de toute façon pour rembourser la dette ainsi creusée: Ils vont même te parler de Coluche, c'est de leur génération… : «Ils vont être contents les pauvres d'apprendre qu'ils habitent un pays riche»… ou encore «le crédit à long terme, c'est un prêt… de loin, c'est-à-dire : moins tu peux payer, plus tu payes»… Histoire de dire que tout le monde était au courant que ça finirait dans le mur, cette politique.

Là, essaie le sujet masquant en interprétant un sketch de Coluche. Si ça ne marche pas, ce qui est probable, donne-leur cette info pour tenter le sujet masquant n° 2 (L'histoire personnelle) : Coluche était un grincheux de droite et aujourd'hui il trouverait Marine Le Pen plutôt sympa et drôle. Les morts sont agréables à faire parler et le doute est permis en l'espèce. Et ajoute qu'il arrive aussi aux comiques de dire des choses pour plaisanter.

Mais tes universitaires ne lâcheront pas leur cours des choses. Ils vont parler de chômage de masse et de cette peur organisée : qui, dans le contexte actuel, va donner sa démission parce qu'on lui refuse une augmentation de salaire? Là, tu seras coincé. Tu ne pourras pas soutenir que «c'est la croissance qui va nous sortir de là». Ils vont te montrer la courbe représentant la part du salaire dans la valeur ajoutée d'une entreprise depuis 1978.

Part des salaires dans la valeur ajoutée des entreprises

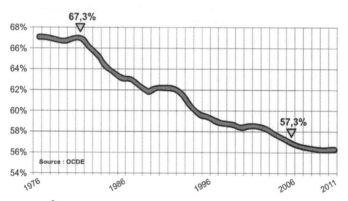

❋ Allemagne, Suède, Etats-Unis, Japon, Royaume Uni, Danemark, Italie, Espagne. France, Pays-Bas, Autriche, Belgique, Finlande, Grèce et Irlande.

Elle dit clairement que la croissance ne reviendra pas par la consommation déjà.

Puis celle de l'évaporation de cette part des salaires vers le capital.

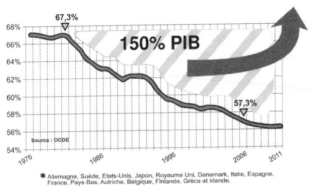

＊ Allemagne, Suède, Etats-Unis, Japon, Royaume Uni, Danemark, Italie, Espagne.
France, Pays-Bas, Autriche, Belgique, Finlande, Grèce et Irlande.

Cette courbe dit clairement que l'argent n'est pas perdu pour tout le monde.

Non, cet argent piqué aux salariés n'est pas allé à la recherche et à l'investissement ami socialiste, parce que ça, ça serait défendable. Or toutes les études montrent que les chiffres de l'investissement et de la recherche sont stables. Cet argent est allé dans la poche des 0,2 % les plus riches de la planète qui cumulent à eux seuls une fortune de 39 000 milliards d'euros. J'ai aussi relu plusieurs fois pour être sûr : 39 000 milliards [1].

Puis ils te donneront la solution que tous les économistes connaissent, que les conseillers du Président connaissent, que le Président connaît et… qu'il ne met pas en œuvre : court-circuiter les banques privées pour financer l'essentiel de la dette !

« En 2012, La réserve Fédérale américaine a secrètement prêté aux banques en difficulté 1 200 milliards de dollars au taux incroyable de 0,01 %. Au même moment en Europe, les

1. *Le Figaro*, 11 juin 2010. Même pas un journal de gauche en plus.

marchés ne prêtent à certains États qu'à des taux de 6%. Est-il normal que les États payent 600 fois plus cher leurs intérêts que les banques privées?[1]»

L'image de ces sexagénaires, euphorisés par ta présence, sonnant les cloches à Hollande comme des Quasimodo hystériques deviendra vite insupportable pour le militant socialiste que tu persistes à vouloir être! Et tu n'as pas un argument à opposer, car au fond tu sais qu'ils ont raison.

C'est là que le style doit prendre le dessus.

Trouve le créneau pour prendre la parole et conduis-toi comme suit :

1/ Tu es d'accord avec cette analyse.

2/ Il faut sans doute aller plus loin.

3/ Pourquoi en est-on arrivé là?

– Un peu grâce à vous, messieurs, il faut oser le dire.

Tu obtiendras déjà le silence.

– Grâce à nous?

Ce sont des universitaires, ils vont être intéressés par ton explication. Jette un coup d'œil vers Églantine pour la rassurer parce que depuis ton interprétation du sketch de Coluche, elle craint pour ta vie : «Ton père je vais le faire saigner du nez, calme-toi, regarde et apprends.»

– Sans vouloir vous flatter, monsieur, vous fûtes des premiers à dénoncer les méfaits du communisme et ce faisant, vous avez ouvert les yeux du monde. Je ne me trompe pas? À titre personnel et de la part du monde, je vous en remercie. Mais convenez avec moi qu'en faisant prendre conscience au monde de l'échec du communisme, vous avez de fait ôté tout alternative au capitalisme.

---

1. *Cf.* Pierre Larrouturou et Michel Rocard, *La gauche n'a plus le droit à l'erreur*, Flammarion, 2013.

– Comment ça? Une alternative? Le communisme? Mais mon petit ami, le communisme était une horreur!

– Oui, je visualise assez bien monsieur, mon grand-père avait fait un voyage d'étude à Moscou en 1962 avec Waldek Rochet, il en était revenu épouvanté. Je ne cherche pas à faire l'apologie du communisme, je dis simplement qu'objectivement il constituait une alternative au capitalisme.

C'est le genre de phrase que plus personne n'ose prononcer dans un dîner. Regarde bien leurs têtes, ils sont ferrés. Pousse ton avantage:

– Pendant les trente glorieuses (R.I.P. 1945-1975), même s'ils savaient que le communisme était totalitaire et inefficace, les capitalistes se disaient que s'ils allaient trop loin dans l'exploitation des ouvriers, ces ouvriers pouvaient être tentés par cette alternative. Le PC faisait 25% aux élections, ça n'est pas rien et ils en avaient peur ou pour le moins le craignaient-ils. Cela agissait un peu comme l'écriteau «chien méchant» devant un pavillon: rien ne prouve que le chien soit vraiment méchant mais dans le doute, on passe au large.

– Vous êtes communiste?

– Pas du tout, monsieur, je suis pour la libre entreprise et l'économie de marché, je respecte Harlem Désir, et Pierre Moscovici est mon mentor: je suis socialiste. Mais je constate que cette peur du communisme maintenait le monde capitaliste dans la raison: on y augmentait régulièrement les salaires, on y acceptait un mieux-disant social, une diminution régulière du temps de travail, on y était inventif, industriellement parlant, on y trouvait un syndicalisme fort et des gens impliqués, concernés, etc. Bref, il y avait un contrat social que tout le monde respectait soit par goût soit par crainte, mais ça tenait debout dans une relative harmonie. Vous êtes d'accord, monsieur?

– Je suis bien obligé, jeune homme... mais on ne pouvait pas continuer à laisser des millions de gens vivre sous la botte stalinienne simplement pour profiter de cette situation de ce côté du mur, nous les avons libérés !

– Et ils vous en remercient, monsieur, je note qu'encore une fois vous avez raison, mais aujourd'hui a-t-on gagné au change ? Combien de gens de ce côté du mur, comme vous dites, vont mieux grâce à l'ultra-libéralisme qui s'est installé dans les années 80 ? Et de l'autre côté de ce mur qui a disparu, vont-ils mieux en majorité, monsieur ? Et dans le tiers-monde les choses s'arrangent-elles ? Le fait qu'un des deux modèles d'organisation du monde s'effondre présuppose-t-il que l'autre va de soi comme le seul efficace ? Vous ne pouvez pas croire ça, monsieur, si ? Sous quelle botte vit-on aujourd'hui, un peu par votre faute, monsieur ?

– Pardon ?

– Je veux dire grâce à vous monsieur, pardonnez-moi.

– C'est culotté, ça ! Églantine, tu entends ça ? Il est un peu gonflé, ton ami !

– Écoute, vieille croûte, tu m'as saoulé avec tes courbes, alors par charité j'vais pas t'faire un dessin : tu t'es bien marré quand le mur de Berlin est tombé, alors maintenant tu vas bien fermer ta grande gueule ! Tu te rends compte du monde dans lequel tu nous laisses... Églantine et moi ?

C'est le bon moment pour ramener Églantine dans le jeu, tu vas savoir dans quel camp elle se situe. Le tien ou celui de son père. Et enchaîne, ne leur laisse plus la parole, tu as joué la rupture de ton, c'est toujours payant et puis tu es socialiste donc minoritaire : tu as droit à une certaine arrogance navrée. Mais excuse-toi vite.

– Le monde que vous nous avez laissé, monsieur – pardonnez mon agacement à l'instant – je vais vous dire ce qu'il est, c'est un monde où des ordinateurs spéculent contre d'autres ordinateurs à chaque seconde afin que l'argent soit fabriqué par l'argent lui-même et non plus par une activité humaine, cela représente cinquante fois l'économie réelle monsieur! Vous voulez des chiffres qui font peur? L'économie financière représente 2000 milliers de milliards de dollars, des trillions si vous voulez oui... l'économie réelle? 44800 milliards[1]. La dette publique qui vous occupe tant, elle coûte 120000 euros par ménage français! Elle n'est remboursable que si chaque foyer – taxé à 50 % seulement – gagne au minimum 240000 euros l'année prochaine, Et encore, il ne faut pas qu'ils mangent ni qu'ils se logent, ni qu'ils se soignent, ni qu'ils se déplacent... bref il ne faut pas qu'ils vivent. Ça vous met quand même le smic à 20000 euros et je ne pense pas que cette proposition soit dans les tuyaux!

On ne la remboursera pas cette dette, jamais, personne. L'histoire nous montre qu'en cas de dette élevée, le défaut est la règle, c'est-à-dire la faillite, voilà le monde que vous nous laissez, monsieur, un monde en faillite, même François Fillon, qui fut Premier ministre et un supporter ultra de la forme d'organisation libérale l'a dit en 2007 : «Je suis à la tête d'un état en faillite» et qu'est-ce qu'il a fait en cinq ans, ce brave homme bien coiffé? Il a creusé la dette de 500 milliards supplémentaires! Alors sauf votre respect, monsieur, arrêtez de me faire la leçon parce que je suis au PS! Les solutions maintenant, il n'y en a que trois : la guerre, la misère, ou la guerre et la misère! Parce que quand les prêteurs – qui ont compris depuis longtemps que personne ne peut rembourser – décideront pour une raison qui les arrangera de fermer les vannes, ça va saigner. Ce sont les compagnies d'assurances

1. Sources FMI et BRI.

qui initieront le mouvement, monsieur – si j'ai d'ailleurs un conseil à vous donner, c'est d'annuler votre assurance-vie tout de suite, c'est le premier argent qui se volatilisera. Le monde dans lequel vous nous avez menés, monsieur, c'est celui-là : l'évaporation du patrimoine. Les plus pauvres, qui n'ont rien, ne perdront rien si ce n'est la vie, mais peut-on appeler ça une vie? Les plus riches ont tellement qu'il leur restera toujours quelque chose mais les «entre les deux», moi, vous, Églantine, tout notre patrimoine va s'évaporer et disparaître! Un fantasme? Non. Ça s'est produit à Chypre en 2013, monsieur. Il y avait deux banques, une a fermé, et tout l'argent qu'elle avait encore en dépôt a disparu. Évaporé. Les Chypriotes ont peu protesté, curieusement, pas fait de révolution. Ça aurait dû agir comme un vaccin pour le monde entier, un test ou je ne sais quoi, eh bien bernique, rien! Je panique? Pas du tout. Même à Davos, les plus grands libéraux envisagent avec sérieux un *global collapse*[1]. La seule chose incertaine c'est : quand cela arrivera-t-il?

À ce stade, il faut lever le pied. Le pessimisme éclairé n'est pas une porte de sortie.

Lâche-toi dans l'anaphore, ça a fait ses preuves!

Nous, socialistes, nous préparons l'avenir, et l'avenir c'est incontestablement la fin de ce monde.

Nous, socialistes ne sommes pas mous ou légers ou inconséquents dans notre approche du monde tel qu'il est!

Nous, socialistes, sommes la quintessence de la lucidité!

Nous, socialistes, agissons comme un analgésique!

Nous socialistes, éthérisons l'existence pour que nous allions à la fin de ce monde sans angoisse.

---

1. Recommandation de la Société Générale à ses clients. *Cf.* Larrouturou, *C'est plus grave que ce qu'on vous dit...*, *op. cit.*

Nous, socialistes, sommes les gérants de faillite du monde «tel qu'on n'a pas pu empêcher qu'il devienne».

Amuse-toi, inventes-en d'autres toi-même!

Normalement, tu devrais avoir devant toi des bouches ouvertes et des yeux ronds. Si Églantine à un léger rictus de dégoût, c'est mauvais signe.

Puis, dis-leur que tu exagères volontairement mais que tu ne fais que pousser leur logique au bout. Si la situation qu'ils dépeignaient au début du dîner est juste, alors l'issue ne peut être que celle que tu décris. L'histoire regorge de ces moments de restructuration où tout s'écroule et tout renaît : 1797, 1870, 1914, 1940 [1].

Encourage maintenant tes hôtes, enjoins-les à redevenir raisonnables et à dire moins de mal de Hollande. Demande même leur soutien, au moins psychologique; ils sont de gauche, ils ne refuseront pas ça à un camarade dont la lucidité les a touchés.

Là, si tu le sens, mais seulement si tu le sens vraiment, sors tes cartes du PS, la cotisation est à vingt euros. N'accepte pas les chèques.

Si Églantine affiche maintenant un large sourire et te couve des yeux, laisse tomber, c'est une inconstante, elle ne te mérite pas.

---

1. Thomas Piketty, *Le capital au XXIᵉ siècle*, Seuil, 2013.

CHAPITRE 5

L'Allemagne ne veut pas

«Moment difficile pour François Hollande dans ce énième sommet de la dernière chance où les propositions pourtant modérées et réalistes qu'il a formulées ont été accueillies avec froideur par la chancelière allemande.»

Combien de fois as-tu entendu ce genre de choses dans la bouche des éditorialistes?

C'est donc une affaire entendue : tous nos malheurs viennent de l'Allemagne et de sa politique égoïste. La nuance n'est pas de mise dans ce cas de figure. Les Allemands ne sont pas solidaires avec l'Europe, ou alors contraints et forcés et en se bouchant les trous de nez, comme pour aider la Grèce. La déréglementation de son marché du travail et la compression des salaires pour résister à la mondialisation et aux pays émergents (réforme Schröder en 2000) ont transformé le Germain en Chinois de l'Europe. Ça lui réussit, paraît-il, assez bien. On peut se demander dans ce cas pourquoi faire l'Europe si c'est pour que l'Allemagne en soit un parasite au lieu d'en être la sève?

Mais ce n'est pas le propos. Le propos ici est de te faire passer une bonne soirée dans un dîner que tu as accepté d'honorer de ta présence de socialiste.

Tu vas donc t'en prendre à l'Allemagne. Le truc peut sembler éculé, mais il marche toujours.

Néanmoins, une petite mise en scène s'impose. Il te faudra un(e) ami(e) allemand(e) et un peu de documentation sur la politique monétaire de Berlin. Tout tourne autour du fric avec les Allemands : du traité de Versailles qui les ruine à la création de l'euro qui fait exploser les prix, tout se termine mal à cause de ça.

En arrivant au dîner, essaie d'afficher une mine apaisée, présente ton ami(e) avec entrain et profitons-en pour ouvrir une parenthèse : si tu ne trouves pas d'Allemand coopératif dans ton entourage ou si tout simplement tu as eu le bon goût de ne jamais avoir d'ami allemand, munis-toi d'un faux. Un Alsacien, même de troisième génération avec un accent un peu prononcé, fera l'affaire. Évite le pote comédien qui va vouloir faire une performance, ça se terminerait irrémédiablement en Francis Blanche dans Papa Schultz ou en Thierry Lhermitte dans Papy fait de la Résistance, en un mot en caricature pitoyable. L'Allemand n'est pas imitable, il est unique et j'ajoute… heureusement. Mon conseil – l'idéal pour tout dire : une fiancée allemande. Le fantasme de la gretchen un peu rustre, aux larges flancs, travailleuse et âpre aux gains reste profondément ancré dans l'inconscient français! Que tous les cinéastes des années 50 en soient ici remerciés. Si tu n'as pas de copine assez costaude et blonde pour faire la blague, il y a des escort girls pas trop chères sur Internet. Fermons cette parenthèse et formulons l'hypothèse que tu as une fiancée allemande… louée sur Internet.

Le décor est planté.

Le dîner peut commencer.

Quel que soit le sujet d'actualité du jour exploité en boucle sur les chaînes d'info continue, enfant violé par un requin, catastrophe nucléaire à base d'explosions télégéniques incroyables – t'as vu, Martine, la hauteur du champignon ? –, tremblement de terre dans un pays exotique et lointain avec enfants tout mignons qui cherchent papa-maman d'un œil à la fois effrayé et hagard que pas un acteur n'arrive à obtenir cette émotion, même pas De Niro, ça ne passera pas le cap de l'apéritif.

Un dîner avec Jean Degauche tourne souvent autour du chômage endémique français.

Et comme tu es le seul socialiste revendiqué à la table, tu vas devoir justifier de la timidité et du manque d'imagination des mesures mises en œuvre par le gouvernement que tu soutiens encore. N'évoque pas les emplois jeunes, les emplois créativité, les emplois coup de main, coup de pouce ou je ne sais quoi pour t'en sortir… ils représentent 30 000 créations de postes précaires et sous-payés dans un pays ou 10 millions de personnes vivent sous le seuil de pauvreté.

Tu risques toi-même l'arrêt de travail pour coups et blessures.

Non, accuse l'Allemagne. De façon subtile au début, en retenue, presque sans y toucher, du bout de la pensée, comme le vent frais des soirs de canicule qui vient redonner le sourire… et fais confiance aux réactions élémentaires des Français quand il s'agit des Boches, des Teutons, des frisés, des Chleuhs et des bouffeurs de choucroute !

Profite sans vergogne du réflexe anti-allemand qui sommeille au fond de chaque Français. Tu n'auras aucun mal… Des Hohenzollern sur le trône d'Espagne en 1870 à Schröder en 2000 en passant par Harald Schumacher à Séville 1982,

ils ont toujours fini par nous faire mal! Du coup, historique-
ment, s'en prendre à l'Allemagne, c'est presque un droit, une
sorte de compensation récréative. Comme on dit à la campagne : si l'ami Fritz veut que ça sente la rose, faut pas qu'il
chie dans nos rosiers.

Il va falloir assumer de te vautrer dans une gadoue de clichés. Mais tu es socialiste, tu n'as plus peur de rien. Par ailleurs, tu vas te rendre compte très vite que tous les convives
te dépasseront en ignominie germanophobe avant la tarte
aux myrtilles.

Donc n'hésite pas, si François Hollande ne s'en sort pas
c'est de la faute à la politique allemande!

Commence par interpréter ce qui est dit dans les journaux.

Si un responsable français dit : « Nous discutons bien sûr
avec nos partenaires allemands de la stabilité monétaire et
c'est tout à fait normal, nous ne sommes évidemment pas
fondamentalement en désaccord comme certains semblent
vouloir le faire croire, et sur des sujets plus sensibles qui
concernent les objectifs chiffrés, si nous discutons encore,
nous faisons le maximum pour que nos points de vue
convergent et ce, en tenant compte d'un calendrier raison-
nable dont les modalités seront fixées lors d'une prochaine
réunion préparatoire avec les ministres concernés au cours
du premier trimestre suivant la fin des réunions plénières
comme nous y oblige l'ensemble des traités; d'autres
questions? »

Et traduis :

– Ils font chier! Ils ne pensent qu'à leur gueule! Seulement
on ne peut rien faire sinon on met l'Europe en péril et nous
avons, nous, le sens des responsabilités, depuis de Gaulle et
sa main tendue, l'histoire nous regarde, voilà ce qu'il dit le
ministre et comment lui donner tort, hein?

Là, les convives opineront du chef. Lance un cliché de droite pour prendre l'avantage.

– Il y a du travail en Allemagne? Il faut reconnaître que les Allemands ont un avantage important sur la France, ils n'ont pas la CGT...» Ce genre de phrase fait généralement un tabac sur les gens de gauche et ils enchaîneront tout de suite avec les syndicats allemands qui savent si bien négocier avec le patronat, qui recherchent le consensus et évitent le conflit, etc. Tu devrais passer un bon quart d'heure tranquille et pouvoir terminer le tartare de saumon aux échalotes en souriant à ta copine d'Internet.

Quand ça retombera, balance le deuxième cliché de droite le plus en vogue mais toujours avec l'air de ne pas y toucher, comme si ce que tu disais était évident :

– Les Allemands sont travailleurs, disciplinés, ils acceptent les réformes qui font mal, ils ne râlent jamais et ils dorment tout nus sur des lits en fer, du coup ils nourrissent plus facilement que les Français le goût du sacrifice.

Normalement, ce genre d'argument fait bondir un homme de gauche! Sacrifice? Renoncer à ses acquis? Des années de batailles sociales pour servir de variables d'ajustement des politiques ultralibérales? Jamais!

D'un autre côté, pas facile de justifier qu'il va nous falloir vivre en France avec des salaires de Chinois pour être compétitifs, tout en gardant un train de vie d'Américain. On peut se gratter l'occiput jusqu'au sang, pour vivre comme un milliardaire il faut avoir au moins... un milliard. Pour vivre comme un pauvre, c'est plus simple : il suffit de ne rien avoir et de ne rien pouvoir obtenir dans l'avenir. Mais ça tout le monde le sait, puisque tout le monde le vit ou connaît quelqu'un qui le vit.

À ce stade du dîner, durcis un peu le regard et va dans leur sens, moins suave dans le ton, un peu agacé même, enchaîne avec les clichés de gauche :

– Vous avez raison, l'Allemagne, c'est la Chine de l'Europe, ils sont égoïstes, et se comportent en parasites, ils ont exporté leur chômage chez nous en baissant les coûts du travail de façon absurde et unilatérale, c'est pour ça que François a du mal... Il fait son possible, mais les Allemands bloquent tout parce qu'ils sont comme ça, égoïstes, pour eux l'Europe, c'est une grande Allemagne ou ça n'a pas de sens, seulement quand on pense comme ça, il faut être le seul parasite, il ne peut pas y avoir dix parasites en Europe, alors j'aime bien les Allemands, ma fiancée en est la preuve, mais politiquement, si l'Europe en est là, c'est quand même un peu de leur faute !... Tu me passes le vin, Jacqueline, s'il te plaît ?

Là, laisse-les partir seuls à la recherche des raisons qui font que les Allemands se comportent de cette façon et profite du santenay village de Jacqueline.

Pour les uns, c'est la démographie allemande qui serait responsable :

– On fait 2,2 enfants par femme, les Allemands 1,2, c'est pour ça !

Comme il y aurait de plus en plus de vieux en Allemagne, eh bien, ils penseraient plus à préserver leur capital qu'à investir pour leurs enfants, d'où cette faculté à vivre le présent sans projection dans l'avenir.

Pour d'autres, c'est culturel, l'Allemagne a une tradition séculaire d'affrontement avec la France, militaire quand ça va mal, financier quand ça se passe bien.

Pour d'autres encore, l'Allemagne n'a jamais été européenne et si Maastricht a existé, c'est parce que Mitterrand voulait ancrer l'Allemagne à l'Ouest alors qu'elle est naturellement tournée vers Moscou...

– Ben oui, Jacqueline, André Gluksmann qui a soutenu Sarkozy MAIS qui est resté de gauche – comme Carla Bruni – l'a bien démontré dans un très bel article dans *Le Figaro* et... Non, je ne «lis» pas *Le Figaro* à proprement parler, Jacqueline! Je cherche un appartement, ça n'a rien à voir!... et ben, s'il y avait des petites annonces immobilières dans *Le Monde diplomatique*, je lirais *Le Monde diplomatique*!

Ils vont s'engueuler entre eux et tu auras la paix jusqu'au plat de résistance. Un poulet tika massala maison.

Au passage tu noteras que tous les arguments qui cognent sur les Allemands sont les bienvenus et que profondément personne n'y comprend rien, ni n'est sûr de rien : donc profite. Mais ils ne s'engueuleront pas jusqu'au dessert.

C'est bien dommage.

Donc ça va revenir à toi et à ton appartenance au PS. S'ils t'ont invité, c'est pour se défouler sur un socialiste : ils sont frustrés, leur rêve inassouvi d'une gauche vraiment de gauche est resté coincé dans le goulot. Ils cherchent la bagarre, ils sont bouillants!

C'est là qu'intervient ta fiancée allemande qui, disciplinée donc, s'est tue en souriant depuis le kir royal. Et aussi parce que c'est une escort girl à 400 euros le dîner et qu'elle n'en a rien à foutre de vos conneries : elle est de droite.

– Combien tu gagnes par mois, machine... heu, Greta... *Wie viel verdienen Sie pro monat mein liebe*? Approximativement.

Elle répondra comme tu le lui auras soufflé : «259 euros par mois, *mein liebe*.» C'est le minimum en Allemagne.

C'est ce que gagnent les 10% d'en bas. Bon, ils complètent avec des allocs, comme chez nous, mais c'est un salaire comment dire... j'hésite entre choquant et chinois. Et comme il n'y a pas de salaire minimum en Allemagne et que nos amis sont disciplinés et qu'ils ont de bons-syndicats-qui-discutent-avec-les-patrons-sans-affrontement, eh bien un homme ou une femme vraiment dos au mur accepte un travail de 10 heures par semaine payé 5 euros de l'heure. Petite parenthèse encore : regarde tes amis de gauche baisser la tête ; ils ont tous des femmes de ménage qu'ils paient 12-13 euros de l'heure. Si tu les regardes attentivement, tu verras ce qu'ils pensent à ce moment précis : qu'ils aimeraient vivre en Allemagne ! C'est le moment de lâcher des chiffres mais pas trop : les essentiels pour ta stratégie et cette fois d'un ton sec :

– Les 10 % d'Allemands juste au-dessus des plus pauvres touchent 614 euros par mois en moyenne.

– 80 % des actifs ont perdu du pouvoir d'achat ces dix dernières années et seul les 10 % les plus riches ont vu leurs revenus augmenter (et encore, de 0,2 %).

– 8,5 millions d'Allemands gagnent moins de 8,50 euros de l'heure.

– Les allocations chômage ne sont accordées que douze mois et ensuite c'est 364 euros mensuels pour tout le monde [1].

Et conclue :

– Donc si l'Allemagne va bien, ce n'est pas le cas des Allemands. Mais ils ne se plaignent pas.

Ta copine, si tu l'as bien briefée, devra ajouter :

– Le tout petit petit salaire est le revers de la médaille pour compétitivité, nous l'acceptons.

Et surtout qu'elle garde le sourire, ça agacera toute la tablée.

À toi de bien te débrouiller pour qu'ils en déduisent que l'Allemagne est le passager clandestin de l'Europe, qu'elle

1. Source : OCDE.

profite des politiques sociales des autres pays – qui alimentent la croissance en distribuant du pouvoir d'achat par les salaires ou la dette – pour exporter vers eux parce que l'Europe représente 75 % de ses exportations, et que du coup, salaires bas, coût du travail bas, travailleurs dociles ou trouillards, son industrie y est plus compétitive et nous pique des parts de marché. Elle a d'une certaine façon exporté son chômage. Si l'Allemagne est compétitive, c'est au prix d'une misère acceptée. Fais l'impasse sur ce qui va bien chez eux : les loyers assez bas, les prix de la nourriture accessibles, etc. Tu es là pour sauver ta peau, pas pour être de bonne foi. Ajoute, pour énerver tout le monde, que ça ne marche que s'il n'y a qu'un seul parasite. Le modèle allemand n'est pas un modèle exportable. Fais attention que tes amis ne te disent pas :

– Pourquoi Hollande veut faire du Schröder quinze ans après Schröder alors ?

Pour éviter ça, tourne-toi vers Greta et dépose-lui un petit baiser sur la lèvre, c'est compris dans les 400 euros.

Les convives seront surpris et de toute façon ils ne regarderont plus Greta avec les mêmes yeux. La bouche va se tordre un peu chez les moins *poker face* et les respirations s'accélérer, ça va même dilater du naseau chez les plus nerveux.

Ton escort girl évidemment ne comprendra rien à ce qui se passe. Lorsqu'on la paie pour un dîner, elle a pour habitude de sourire joliment à des P-DG qu'elle tripote discrètement sous la table et qui ne parlent jamais de politique à table, mais de cul, comme tous les gens heureux.

C'est tant mieux. Parce que c'est le moment où elle devra dire ce qui sauvera définitivement ton dîner et qu'elle aura appris par cœur :

– Nous, en Allemagne, nous disons que lorsqu'un ours poursuit une bande d'amis dans une forêt, pour survivre il ne faut pas courir plus vite que l'ours, mais plus vite que ses amis.

Tu traduiras pour les plus lents : dans la mondialisation de l'économie, c'est exactement comme ça que se comporte l'Allemagne avec l'Europe. Elle fait tout pour courir plus vite que ses « amis » et de temps en temps, pour assurer le coup, elle leur glisse des peaux de banane.

Arrêtons-nous deux secondes sur les accords Hartz (Peter Hartz était DRH de Volkswagen) qu'a initiés Gherard Schröder et que les socialistes Français présentent comme une négociation intelligente. Ces accords qui sont censés avoir permis à l'Allemagne de moderniser son marché du travail, sont en fait la pire entourloupe que des socialistes pouvaient faire à un peuple. Les accords Hartz (I, II, III, IV) c'est l'organisation d'un marché parallèle du travail à bas coût. Le principe de négociation avec les syndicats (IG Metall entre autres dont Peter Hartz était membre) a été le suivant : on ne touche pas à votre influence dans l'industrie et les grandes entreprises, on ne veut pas de grève. En échange, vous nous laissez créer un marché du travail subsidiaire sur lequel les droits sociaux et les salaires seront *a minima*. Les syndicats ont accepté l'exploitation intensive des employés, la fin des retraites, les petits jobs et les bas salaires comme règle, et l'avènement du « ferme-la et bosse, sinon crève ». C'est la pire illustration du libéralisme sournois et l'institutionnalisation de la pauvreté. (Source : Conseil d'analyse économique).

Après douze ans, ce modèle devient aussi la règle dans les grandes entreprises. Schröder et Hartz (qui a démissionné après qu'il a reconnu avoir corrompu des membres de syndicats) ont effectivement fait de l'Allemagne la Chine de l'Europe. En d'autres termes, on appelle ça « ébouillanter la grenouille ». Si on avait dit d'un coup aux travailleurs allemands : «votre niveau de vie va baisser, vos droits vont être réduits, vos acquis rognés», ils auraient sans doute résisté. Comme une grenouille qu'on plonge dans l'eau bouillante : choquée, elle saute!

Les accords Hartz I, puis II, puis III et enfin Hartz IV ont plongé les Allemands dans l'eau tiède, douce et tranquille. Ensuite, petit à petit, on a fait monter la température de l'eau; maintenant que l'eau bout et qu'ils vont être ébouillantés – comme la grenouille qui ne fait pas attention à la température qui augmente chaque jour – ils sont paralysés et ne peuvent plus rien faire.

Les sarcasmes vont voler bas et les vannes racistes fondre sur la Teutonne comme des moustiques sur la nuque d'un rouquin.

C'est le moment d'assumer ta lâcheté.

D'un coup, change de camp! Retourne-toi vers Greta et daube avec la meute sur cette blondasse inepte qui ne se rend même pas compte qu'exploitée elle pouvait être touchante mais que complice lucide du malheur de l'Europe, elle devient lourde! Sois même le premier à l'insulter, personne ne la plaindra!

Là, deux possibilités : tu romps avec elle devant tout le monde, et tu sors en t'excusant de l'avoir amenée avec toi. Ou tu la roues de coups avec tous les autres en hurlant : – Ha tu fais moins la maligne là hein!? Et Séville 82, ça te dit rien Séville 82?! Prends ça dans ta gueule de la part de Battiston ,connasse!

Finissez le travail en sortant la tondeuse et en chantant la Marseillaise.

Nota bene : Prévoir un supplément pour la tonte qui elle n'est pas incluse dans les 400 euros de la prestation de base.

CHAPITRE 6

Sarkosise le dîner

Une chose que nous n'avons pas encore évoquée, et qui est très importante, c'est l'heure d'arrivée à un dîner.

On ne prend jamais assez en compte l'importance du timing. Il définit souvent l'ambiance d'une soirée.

Si tu arrives trop tôt, tu vas te retrouver dans la cuisine avec le maître ou la maîtresse de maison ; le plat amoureusement préparé pour les amis n'est pas encore tout à fait au point, tu diras « je peux aider ? », on te répondra « Nooon, ouvre le vin et sers-nous un verre », etc. On a tous vécu ce genre de moments.

C'est surtout là, dans cette cuisine, que tu devras écouter les reproches « en confidence », un verre de vin blanc à la main. Et ne va pas t'imaginer qu'un tête-à-tête au-dessus du ragoût de pétoncles sera moins violent qu'affronter la meute. Ce côté « les yeux dans les yeux » avec un(e) ami(e) sincèrement choqué(e) par Hollande, pour qui il (elle) a voté et qui nourrit chaque jour un sentiment de trahison, ça peut être traumatisant s'il te reste un fond de compassion.

Cette intimité, t'empêchera par exemple de te réfugier dans le sujet masquant ou la blague, l'invective dandy ou le raisonnement absurde. Ces moments de simplicité loyale, de sincérité et de confiance sont extrêmement pénibles, évite-les.

N'arrive pas en retard non plus. D'abord, ce serait goujat et ensuite, tu ne maîtriserais pas les sujets de conversation. Tout le monde serait déjà en train de parler de la «situation», égrainerait les griefs : les grandes entreprises qui débauchent, les paradis fiscaux contre lesquels on ne fait rien, Florange, l'ANI, la retraite à soixante ans, 1 500 chômeurs par jour, Pôle Emploi qui efface les demandeurs d'emploi, Valls qui fait du Sarkozy, etc.

Tous les regards se tourneraient vers toi :

– Ah ben tiens! Lui, il est socialiste, lui! Il va nous expliquer ce que Hollande a dans la tête, lui... hein!?

Donc, arrive en même temps que tout le monde, c'est plus prudent et fais tout ce que tu peux pour éviter les sujets trop précis et casse-gueule. Va vers le sujet par excellence tranquille : Hollande lui-même. «Moi, président normal».

Dans ce cas-là, tu joues sur du velours : la psychologie à 0,30 euro.

Une chose revient tout le temps lorsqu'on parle de la psychologie de Hollande, c'est le référendum sur la constitution européenne de 2005 et la victoire du «non» à l'Europe libérale. Hollande était bien évidemment pour le «oui» et les socialistes ne l'avaient pas tous écouté – Fabius en tête –, ils avaient beaucoup trop voté pour le «non». Depuis Hollande serait bloqué par la France, son côté rebelle-pas d'accord-jamais contente; tout traumatisé le François : un ado boutonneux devant la belle Marianne.

C'est un sujet infini, profites-en.

Alimente-le gentiment, sans te renier, à la rigolade et tu seras tranquille toute la soirée. Les autres invités iront sans doute plus loin que toi dans l'ignominie, ça n'est pas grave, serre les dents, ces critiques sont d'ordre général, donc superficielles, parfaites pour un dîner en ville ou pour des débatteurs de chaînes d'info continue.

En vrac : Hollande ne serait pas normal, mais une sorte de Sarkozy sans Rolex, un Nicolas sans Carla : un frimeur sans la frime, une espèce d'ersatz mou de l'autre faux dur, un énarque qui connaît sans doute la France, mais pas les Français.

Certains soutiendront qu'il est, d'une certaine façon, comme Sarkozy : il n'aime pas les Français, il en a peur, il ne leur fait pas confiance. Ils auraient tous les deux préféré un autre peuple.

Sarkozy voulait les Américains parce que son côté volontariste était supposé leur plaire. Pour lui, les Français n'osaient pas assez, étaient trop protégés, n'aimaient pas le risque.

Hollande voudrait un peuple moins véhément, plus consensuel, il aurait aimé présider un village schtroumpf, un truc comme ça.

Les deux, quoi qu'il en soit, n'ont jamais fait confiance aux Français pour sauver la France ! Trop conservateurs pour l'un, trop imprévisibles pour l'autre, les Français dans les deux cas ne les méritaient ni l'un ni l'autre. Et les deux ont raison : comment pourraient-ils faire confiance à un peuple capable de porter à la présidence des types comme eux ?

Ce genre de choses.

Tu vois, ton dîner sera tranquille, tout en déconne, pas de risque.

Rappelle de temps en temps quand même que Nicolas Sarkozy risque de revenir en 2017, histoire de maintenir une considération positive sur Hollande. Trouve le bon timing encore une fois, n'en fais pas trop. Rien n'est moins hypothétique que ce retour – ce serait imaginer que seuls les Jean Degauche haïssent Sarkozy – mais c'est un sujet. Tu peux dire que tu tiens de source sûre que Nicolas Sarkozy sait déjà quelle robe portera Carla le jour de sa ré-investiture. Si Carla tient jusque-là, évidemment.

Carla Bruni-Sarkozy peut devenir un sujet dans ce type de conversation-échappatoire mais… évite, même si c'est tentant. Ça basculerait dans le graveleux – personne ne parle sérieusement de Carla comme d'une chanteuse dans un dîner de Jean Degauche – on se contenterait de faire le compte de ses ex ; ce serait scabreux, pas digne de toi et sans doute trop long, un dîner qui traîne jusqu'à la soupe à l'oignon, ça n'est plus de ton âge.

Ensuite, oriente la conversation vers le fantasme d'un Sarkozy faisant un retour à la Poutine : peut-il appeler Marine Le Pen à Matignon ? Fais des prédictions de politologue, des hypothèses chiffrées, lesquelles sont crédibles, lesquelles sont croyables, etc. Bref, transforme ce dîner en bon dîner de Français : foutoir politique, vannes et bon vin.

La boulette à ne pas commettre, c'est d'être concret sur un sujet. Si tu manœuvres bien le lieu commun, au café, ils auront un doute.

– Cette naïveté hébétée qu'affiche Hollande en toutes circonstances ne serait-elle pas l'exacte émanation de son contraire ? Ne révélerait-elle pas la profondeur d'une existence qui, finalement, nous étonne plus qu'elle nous agace ? Et si Hollande était finalement par son attitude d'apparente soumission aux faits, la plus parfaite incarnation de cette

Ve République quinquénaire et pour tout dire l'homme de LA solution ?

Si tu parviens à instiller cette énormité dans les esprits, rends-toi dare-dare à l'Élysée, ils sont en manque de stratèges. Et d'idées. Et de courage. Et… oui, on s'est compris, ils manquent de tout.

CHAPITRE 7

Dis que tu connais un Grec

Il ne suffit pas d'être heureux, encore faut-il que les autres soient malheureux.

Cette vieille maxime t'aidera sans aucun doute dans un dîner avec des gens «bordure». C'est-à-dire qui sont allés au bout de la logique du système de vie à crédit : ils ont promis à leurs prêteurs qu'ils rembourseraient et ils savent qu'ils ne peuvent pas. Ils ont donc une peur bleue de perdre leur emploi et de tomber dans la précarité. Non, ce ne sont pas des ouvriers, mon ami socialiste, ce sont des cadres.

La maxime est à comprendre dans le sens de : sois heureux, parce qu'il y a plus malheureux que toi.

Bien évidemment, il ne s'agit pas là de parler toute la soirée des Africains qui crèvent de faim ou du SIDA, de Total ou du typhus ou de je ne sais quelle joyeuseté qu'on a exportée chez eux. Non, ça serait caricatural mais surtout inefficace pour une raison simple : tout le monde se tape de ce qui arrive à l'Afrique et aux Africains. De façon abstraite, on compatit quand un enfant famélique vient nous regarder dans les yeux à travers la télé pendant qu'on mange, mais concrètement on a assimilé depuis la famine au Biafra en 1968 – en 68 je vous rappelle qu'on avait déjà autre chose de plus important à faire – que ce continent était un continent perdu. Il n'y a que les Chinois pour y investir. Ça va nous retomber sur le nez un de ces jours mais baste... c'est pas un sujet. Là, il s'agit de relativiser le malheur des uns en sur-vendant celui des autres, mais des autres comme nous. Les Européens.

Ce soir tu es invité chez Boulard, ce vieux pote des années militantes et du collage sauvage. C'était en 1988 pour la réélection programmée de Mitterrand : «Tonton laisse pas béton»! Un slogan fabriqué par des publicitaires et soufflé à Renaud, le chanteur, pour qu'il le reprenne à son compte afin de faire, de la façon la plus spontanée qui soit, de Mitterrand le chantre de la jeunesse, face à Chirac «le vieux réac» pourtant de quinze ans son cadet.

Bon, à l'époque, vous ne saviez pas que c'était une pré-campagne grossièrement orchestrée par des officines, tout comme «Touche pas à mon pote» et SOS racisme. Une basique commercialisation de votre croyance en un monde meilleur. Mais ça n'est pas le sujet non plus.

Vous étiez super-potes parce que Boulard était costaud et marrant. Quand on colle des affiches la nuit, c'est l'idéal. Le côté costaud parce que lorsque vous croisiez les couillons du camp d'en face qui collaient aussi leur croyance sur les murs, eh bien, sa présence avait quelque chose de rassu-rant : quand un mec de 2,01 m et de 130 kg colle une affiche, personne ne lui conteste cette liberté fondamentale de salo-per les murs des villes. Et le côté marrant, c'est que Boulard se servait de la colle encore fraîche des militants RPR pour recouvrir leurs affiches.

Il t'avait sorti d'une difficulté un soir où des nervis chiraquiens contestaient vigoureusement la validité de vos messages à caractère publicitaire. En toute inconscience, retourné à la camionnette pour faire le plein de colle, il t'avait laissé trois minutes tout seul. Ça avait failli tourner vinaigre avec les « réacs ». Son retour souriant avait réglé le différend idéologique. Quelques baffes plus tard et deux ou trois coups de pied au cul plus loin, vous étiez les meilleurs amis du monde : à la vie, à la mort.

Boulard a fait carrière dans les assurances, il a fini par obtenir un statut d'assimilé cadre. Comme il le dit lui-même avec son humour de mec de 130 kg : « J'ai toujours eu trop d'assurance dans la vie, c'était normal que j'en vende un peu. »

Marié, quatre enfants. Le plus grand a seize ans, le dernier cinq… Entre les deux, tu ne sais pas leurs âges et c'est à peine si tu te souviens de leurs prénoms qu'on t'a pourtant redits il y a un quart d'heure. Un appartement en banlieue parisienne, une résidence secondaire avec un crédit sur trente ans dans le Pas-de-Calais d'où est originaire sa femme et une trouille bleue de perdre son job. Voilà le tableau sans les détails. Ce soir, il t'a invité, tu ne pouvais pas refuser. À la vie, à la mort.

Ce dîner ne sera pas un combat contre des Jean Degauche surexcités par ta présence et qui veulent te faire payer l'immobilisme du PS. Ce sera pire. C'est un ami déçu, un presque frère démoralisé que tu vas affronter.

La soirée sera interminable. Tu prendras l'apéro dans le salon, les enfants joueront autour de vous, sauf l'aîné (Adrien, je crois, me souviens plus) qui participera à la conversation sur les banalités d'usage : les vacances au Crotoy cet été, le climat qui se dérègle et les souvenirs du temps d'avant la peur bleue. Les souvenirs des années «changer la vie». Le grand (crotte, c'est Adrien ou Julien?) sourira benoîtement; ne comprenant pas le concept de «changer la vie». Quand tu lui demanderas par politesse ce qu'il veut faire dans la vie, il répondra : «Gagner le max de fric et m'éclater, c'est tout !» Son père lèvera les yeux au ciel : «Avec 4 de moyenne en math, t'as intérêt à en gagner beaucoup du fric, parce que, vu comme tu sais pas compter, t'as pas fini d'en gaspiller... ha ha...»

Un marrant, Boulard.

Le môme piquera un fard mais ça restera bon enfant et maman viendra vous sauver de l'ennui avec le ravitaillement en olives et en crackers. Plus tard, les enfants dîneront en cuisine d'une pizza surgelée, il y aura de la glace en dessert, une cassate vanille-fraise, puis ils te feront un bisou et iront se coucher, sauf le grand (Adrien? je ne suis pas sûr que c'est Adrien, mais je ne peux pas redemander, je suis son parrain quand même) qui voudra rester un peu.

Vous dînerez tous les trois, dans le service Guy Degrennes de leur mariage, il y aura des silences un peu gênés, des rires un peu forcés, du lapin à la moutarde et des moments de sincérité et de tendresse nostalgique. Et puis sa femme dira à l'ado qui éclate des zombis sur Call Of Duty : «Bon Pierre, tu vas au lit, demain tu as école et tu commences par les maths.» (Pierre? C'est Pierre son prénom? Où suis-je allé chercher Adrien moi?)

Puis on te servira un verre d'alcool, tu sortiras ta cigarette électronique, ce qui te permettra de gagner quelques précieuses minutes en explications de fonctionnement et toxicité comparée, ils diront qu'ils ont vu un reportage qui soutenait que c'était cancérigène, tu répondras que, cancéreux pour cancéreux, au moins avec la clope électronique tu ne pueras pas de la gueule pendant ta chimio et on passera au sujet qui les occupe : eux.

– Avec l'élection de François, on avait de l'espoir, on a voté deux fois pour lui, tu sais! On avait confiance, il avait dit qu'il changerait des choses pour les gens comme nous, que la finance il la remettrait à sa place, mais là... on est déçus. J'ai lu quelque part que le 0,2 % des plus riches cumulait une fortune de 39 000 milliards d'euros ?! Et que les trois milliards les plus pauvres avaient à eux tous 7 500 milliards seulement [1]! C'est pas normal, ça. De l'argent, il y en a visiblement, non ? On a jamais été aussi près du bonheur mais... ça veut pas. Je sais que c'est pas ta faute, mais comme tu es socialiste, au PS, là... je me disais... explique-nous toi, pourquoi ? Pourquoi tout ça ? Comment ça va finir si même le PS ne fait rien pour nous quoi ?

La machine à pleurniche est sortie, il faut que tu coupes court, rapidement. Adopte une attitude étonnée, presque incrédule ?

– Comment ça ? Ça va mal ? Oui bien sûr ça ne va pas au mieux, mais les choses s'améliorent chaque jour.

Balance-leur les poncifs matignonesques comme quoi ils ont la sensation que ça ne va pas mieux, mais qu'en réalité, ça va bien mieux qu'ils ne le croient. La reprise est là. Petite parenthèse comme j'aime bien : il finira bien par y avoir un secteur qui embauchera, ne serait-ce que les pompes funèbres pour enterrer les chômeurs morts de faim, donc on pourra parler de reprise, toute petite, mais ça sera une réalité et il faudra s'en réjouir parce que l'optimisme entraîne l'optimisme et que c'est ça dont la France à besoin pour se relancer : de l'optimisme. Pas de remettre le système à l'endroit. Fin de la parenthèse.

1. J. E. Stiglitz, *Le prix de l'inégalité*, Les Liens qui Libèrent, 2012.

Insiste en disant qu'ils s'affolent pour rien, qu'il y a un effet retard entre la sensation qu'on a et la réalité d'une réforme qui portera ses fruits plus tard. Fais remarquer à Boulard qu'il n'a pas encore perdu son emploi. Il y a des rumeurs de rachat de sa boîte ? Oui, mais rien de plus ? Que des rumeurs ? De toute façon, avec Montebourg, on ne laissera pas fermer les boîtes comme ça !

Bien sûr, pour sortir ce genre de conneries sans faire de l'huile, il ne faut pas avoir le trac, t'as intérêt à bourrer ta clope électronique d'une substance forte.

Même s'ils te disent que pour les enfants, c'est de plus en plus difficile, que cette année ils sont encore partis en vacances au Crotoy, mais quinze jours seulement ; au lieu des trois semaines habituelles et que les autres quinze jours, ça a été chez mémé Janette à Fontenouilles, ne te laisse pas attendrir et profite de l'ouverture :

– Je comprends, mais vous êtes partis quinze jours tous ensemble quand même ! C'est moins qu'avant certes, mais il faut accepter les sacrifices qu'exige la situation… et puis les vacances à Fontenouilles, ce n'est pas si mal : moi, j'en rêve. Je connais un Grec qui n'a pas pris de vacances depuis six ans parce qu'il a perdu son job et qu'il n'a même plus de minima pour survivre, lui ! Oui là-bas, en Grèce, la situation est catastrophique, ça oui, on peut le dire ! En France, on ne s'en sort pas si mal et c'est grâce à la politique qu'on mène aujourd'hui. Vous savez, l'été dernier, mon ami grec n'a même pas pu soigner un poignet cassé parce qu'il n'a plus ni argent ni couverture sociale, il a juste mis une attelle rouillée, récupérée au club de foot de son fils – qui a fermé depuis. Mais comme c'était une attelle pour cheville gauche, eh bien il a perdu 50 % de mobilité à la main droite ! J'exagère ? Tu ne connais pas la situation en Grèce, Boulard, c'est pour ça ! Ah ben oui, ils n'ont même plus de sécu là-bas, crois-moi, en France, on peut s'estimer heureux que notre système fonctionne bien – il va falloir repousser l'âge de la retraite à 89 ans par contre mais... hein ? Non peut-être pas tout de suite mais à terme... c'est logique : tu vis plus longtemps, tu bosses plus longtemps... comment ça Boulard, profiter de sa retraite quand on a bossé 45 ans ? Non, on ne peut plus, c'est fini ça, il faut bosser jusqu'à la fin. Tu sais à quel projet ils pensent les Grecs, là ? C'est que chaque individu creuse sa propre tombe de son vivant, comme ça, cela fera des économies pour sa famille le jour de son décès ! Oui, Boulard, ils en sont là, les Grecs. Et je te parle pas des enfants de mon ami, toi tu te plains que ton grand là, ton Pierrot, il soit con comme un voisin de palier... si, il est con ce gosse, ça se voit, il a un regard de bovin sous amphétamines et il n'est pas foutu d'aligner deux mots sans faire une faute de syntaxe... si, Boulard, ton gosse est con, même quand il se tait, il fait des fautes de syntaxe ! Il est con, mais ce n'est pas le sujet ! Mon pote grec lui, ses gosses, il ne sait même pas s'ils sont intelligents, il ne les voit plus ! Il les a placés à l'année chez des cousins paysans en Macédoine, pour qu'ils puissent au moins manger à leur faim un jour sur deux ! Et encore : en frottant du pain rassis sur une carcasse de hareng accrochée au plafond par une ficelle ! Alors je ne dis pas qu'on est des privilégiés, Boulard, je dis juste que quinze jours de vacances dans la baie de Somme, mon pote grec, il les prendrait avec plaisir.

Voilà, tu as compris le principe : les raisons de se plaindre sont bien moins grandes quand on sait que c'est pire ailleurs.

À toi de t'adapter.

Tu peux prendre en exemple les Italiens qui n'ont même plus de gouvernement stable, sont au bord du fascisme avec la Ligue du Nord et des assassinats d'immigrés roumains à coups de mortadelle.

Invoque les Espagnols, leurs immeubles vides et les 25 % de chômage chez les jeunes qui se prostituent pour manger!

Les Portugais qui vivent à 250 sur le salaire d'un seul carreleur immigré en France, ou les Chypriotes qui ont perdu leurs économies quand l'une de leurs deux banques a fermé et qui demandent tous la nationalité russe pour leurs filles afin qu'elles fassent leurs études à Moscou et trouvent un emploi stable de *PuteRuss* à Saint-Tropez! Les exemples de misère ne manquent pas. Profites-en!

De plus, en relativisant la misère de Boulard, en la comparant à pire que lui, tu lui auras redonné le moral, il positivera de nouveau et demain, il retournera vendre des assurances avec enthousiasme! Sa femme (elle, son prénom t'échappe carrément depuis le début) reprendra, dans la foulée de cet enthousiasme, un petit boulot de technicienne de surface, et l'année prochaine, nom de Dieu, ils les passeront leurs trois semaines au Crotoy, et ce sera grâce à toi, ami socialiste!

Bien sûr dans les faits, leurs crédits seront toujours impossibles à rembourser, l'emploi de Boulard dans cette petite compagnie d'assurances qui va se faire racheter sera toujours précaire et son salaire insuffisant pour assurer une vie décente à sa famille, mais ça, tu n'es pas obligé de le préciser.

Tu sais maintenant que redonner de l'espoir en vendant une salade avariée, c'est de l'art conceptuel, c'est de la maïeutique postmoderne, c'est… du socialisme solférinien.

CHAPITRE 8

Le seppuku dirigé

Cette approche est répugnante, je préfère prévenir, mais elle est efficace à plusieurs niveaux.

Attention, elle est réservée aux socialistes dépressifs qui ont opté depuis longtemps pour l'isolement. Ceux qui ne sortent plus depuis juin 2012, un mois après l'élection de « François », qui regardent la télévision toute la journée, principalement des émissions de débats avec l'espoir d'y trouver quelqu'un qui dirait du bien de la politique menée! Mais peine perdue : que du négatif. Un talk-show à la télévision, c'est comme un dîner auquel ils participeraient sans pouvoir dire un mot ni goûter un plat : ça les démoralise encore plus, ils font de la bile, ronchonnent devant leur écran plat et pour finir insultent cet élément décoratif de salon. Insulter ses meubles! c'est grotesque.

Et pourtant ils en sont là. Le matin, ils râlent à haute voix en écoutant la matinale de France Inter parce qu'on y donne trop la parole à Dominique Seux et Nicolas Beytout! Ils ont bien essayé d'écouter RMC/info et ses antennes ouvertes, pensant que noyer leur chagrin militant dans la connerie millésimée serait comme soigner un chagrin d'amour au Pétrus : un privilège d'esthète. Mais non, tout n'est que piquette : on glose aujourd'hui sur le socialiste comme hier on crachait sur le lépreux.

Bref, leur fureur est à son apogée et ne demande qu'à s'exprimer.

Ami socialiste, voici venu le moment d'accepter l'invitation à dîner de ce couple de voisins que tu croises dans l'escalier quand tu descends la poubelle et qui te dit : « bonjour, comment ça va ? » avec l'air de te demander des nouvelles de ton cancer.

Elle : trente ans à peine, la fraîcheur de son teint prématurément flétrie par sa condition de précaire. Lui : même âge probablement mais fait moins, agaçant parce qu'il ne force même pas sa bogossitude romantique. Il est naturel, idéaliste et donc naïf.

Ils distribuent des tracts « Front de Gauche » dans les boîtes aux lettres et cherchent le contact avec toi depuis qu'ils ont appris que tu étais socialiste et que tu travaillais rue de Solférino. Lâche-toi. Accepte l'invitation ! D'autant qu'il vient de perdre son emploi de magasinier chez Virgin et qu'elle est chômeur de longue durée. C'est un beau couple. Un peu perdu. Elle fera des spaghettis carbonara.

N'emmène rien. Pas de vin, pas de fleurs, pas de dessert. N'essaie pas d'attendrir. Et attaque d'entrée :

– Alors comme ça, vous êtes au Front de Gauche, vous ?

Trop contents de pouvoir exprimer leur différence, ils vont foncer sur le social-traître comme le requin sur le surfeur réunionnais.

Laisse dérouler l'argumentaire mélenchonien : qu'ils s'en aillent tous… on fera mieux qu'eux… on va tout prendre aux riches pour donner aux pauvres… Je le fais bien de Gaulle ou pas ? etc.

Hoche la tête, sois d'accord. Mange ta part de spaghettis carbonara mal préparés et ressers-toi, picole, réclame même une autre bouteille, mais une bonne cette fois si c'est possible, parce que le vin Bio à 2,30 euros la boutanche, c'est sans doute équitable, mais ça n'est pas bon.

Ne sois pas odieux non plus, juste désabusé avec une touche de résignation physique. L'épaule fourbue. Affaissé sur toi-même. Normalement, au bout d'un moment, ils devraient te demander le pourquoi de cette attitude. Tu devrais être heureux toi, tu es socialiste et tu as tous les pouvoirs : présidence, assemblées, régions, tout !

Tourne un peu autour du pot, mais pas trop et lâche :

– La différence entre un optimiste et un pessimiste tient au fait que le pessimiste est souvent mieux informé.

Mieux informé que nous, penseront-ils ? Que nenni, nous lisons le blog de Mélenchon, *Le Monde diplo* et *L'Huma-Dimanche*, on ne risque pas de passer à côté d'une info capitale !

Ce qu'ils ne savent pas, tu vas le leur apprendre : au PS, beaucoup ont compris que c'était foutu, que leur désir de régulation du système avait été sérieusement érodé par le vent du réalisme ; c'est vrai, Mélenchon a raison, et au fond d'eux, les socialistes sont restés les mêmes que leurs frères du début du xxe siècle ! Révolutionnaires, bien plus que ne l'imagine cette jeune génération qui boit du vin bio.

Si les deux éclatent de rire en même temps et te proposent de prendre le café en bas, sur une terrasse pour que tu prennes un peu le frais avant d'aller te coucher, c'est pas gagné. Par contre, s'ils sont intéressés, qu'ils te demandent si tu plaisantes, fonce.

Non, tu ne plaisantes pas, tu croises tous les jours des camarades à «Solfé» qui déplorent que Hollande ait accepté de ne pas s'en prendre frontalement à ce système économique qui privilégie le court terme au détriment du long terme, qui favorise la démerde individuelle au lieu des services publics et qu'au nom de la Liberté absolue, on soit revenu à la loi de la jungle! Et qu'évidemment, dans cette jungle, ils sont sans doute des gnous et pas des grands fauves? Je me trompe?

Vraiment? penseront-ils. Beaucoup de socialistes ont cette vision?

Bien sûr, tu confirmeras. Ne va pas leur dire que beaucoup de socialistes n'ont aucune vision.

Évoque une révolution nécessaire et demande-leur pourquoi à leur avis, elle ne commence pas en France?

Leurs réponses seront banales: on n'a pas encore assez faim… Il n'y a pas encore assez de misère… Les injustices sont relativisées par les médias et estompées par les protections sociales.

Faux!

Là, il faut que tu te redresses un peu, comme si tu reprenais espoir en quelque chose. Ça va les intriguer. Prends un air inspiré.

– Ce qui manque en France pour que la révolution éclate, c'est… un événement tragique et évocateur! Comme Mohamed Bouazizi, qui s'immole par le feu en Tunisie et dont le martyre est à l'origine des «Printemps arabes» de l'hiver 2011. Comme Jan Palach qui s'immole par le feu sur la place Venceslas, à Prague, le 16 janvier 1969, et qui est à l'origine du socialisme à visage humain en Tchécoslovaquie… ou en Tchéquie, ou en Slovaquie, et peu importe si c'est après que les soviets ont écrasé le printemps de Prague qu'il s'est mis le feu au derche, on s'en fout, c'est pas le sujet! En tous les cas, même pas trente ans plus tard, l'URSS s'effondrait! Et ça, c'est du concret! Et les soixante-dix moines bouddhistes qui se sont immolés par le feu ces deux dernières années, un peu partout dans le monde, pour protester contre l'occupation du Tibet par les Chinois? Hein? Eh bien, ils sont à l'origine de la libération de... de cette odeur... de... de bonze rôti un peu partout dans le monde.

Bon, choisis tes exemples toi-même, tu as compris le principe!

Mais surtout, tu dois arguer qu'on ne trouve pas de gens capables du sacrifice ultime en France. Or ils le savent bien, eux qui sont lecteurs du blog de Mélenchon : la Révolution couve. Elle est là, elle ne demande qu'à éclore, elle n'attend que ses martyrs et son détonateur! Ah! si quelqu'un avait ce courage, ce sens de l'acte ultime, héroïque : demain le monde changerait à coup sûr! Des millions de gens dans la rue brandiraient des portraits des martyrs et réclameraient la justice et la fin des privilèges! Quelle putain de gueule ça aurait, non? Tous les socialistes seraient aux côtés des mélenchonistes dans une fraternité retrouvée, marchant ensemble, unis vers ce grand soir ainsi provoqué par la hardiesse de ce couple héroïque! Mais voilà, auront-ils, eux, le courage de ce sacrifice qui, c'est certain, provoquerait l'éveil des consciences et le sursaut des âmes? Ça aurait de la gueule, un jeune couple qui s'immole devant le Conseil constitutionnel au nom des injustices qui le frappent et qui demanderait dans une lettre émouvante qu'enfin on entende la misère des peuples et que cesse l'aveuglement idéologique de nos dirigeants et qu'au final, ce sacrifice n'en soit pas un mais constitue un acte d'altérité absolue.

Puis laisse planer un silence lourd.

Ajoute au bout d'un moment, tranquille :

– Enfin moi, je dis ça, je dis rien. En tout cas la révolution est dans vos mains, les gars. À vous de jouer.

Si tu as du culot, tu as amené le projet de lettre *post immolation* avec toi, mais c'est vraiment si tu as bien préparé le terrain avant.

Ne propose pas mille vierges non plus. C'est trop macho. Il n'y a rien de prévu pour les femmes martyres et nous sommes, nous, Jean Degauche, pour la parité.

CHAPITRE 9

La queue du rat

De fins connaisseurs du socialisme disaient de Mitterrand : « Même si la queue du rat lui sort de la bouche, il nie l'avoir avalé, c'est là sa force. » Inspire-toi de ça pour les dîners de famille.

C'est une méthode de curé qui fonctionne très bien : oppose la foi à l'évidence. Pour t'en convaincre, pense à cela : il y a, à l'évidence, beaucoup plus de preuves de l'existence des dinosaures que de celle de Dieu et pourtant aucune trace des dinosaures dans les saintes écritures et aucun projet d'édition réactualisée n'est à l'étude – pour te dire qu'il existe des précédents efficaces.

Il y a des familles qui conspuent les socialistes par réflexe. Ils sont de gauche par tradition et constatent que le PS a glissé à droite sans pouvoir expliquer ni quand, ni comment, ni pourquoi. On les trouve chez certains fonctionnaires retors, chez les petits commerçants agacés, ou dans certaines professions intermédiaires ; leurs arguments sont imprécis et rudimentaires, souvent en rapport avec leurs situations personnelles, le fameux : « Moi je vois, je connais quelqu'un qui… » qui fait office chez eux de donnée statistique.

– La crise du logement ? Martine, attends, c'est dingue, moi je vois, je connais quelqu'un qui essaie de trouver un trois-pièces pour loger sa fille qui va se marier et qui est enceinte, mais que c'est pas son mari qui est le père… une sale histoire aussi ça, mais bon… bref ! Seulement voilà, les prix de l'immobilier, attends ! D'abord, tu trouves rien de correct et pis, ce qui est correct dans un quartier correct, attends ! Si t'es pas milliardaire, tu trouves rien maintenant, alors j'sais pas ou y z'en sont de la crise du logement, mais en tout cas, y font rien tes socialos là, tout le monde le voit bien.

C'est le cas de ton oncle Marc. Mari de ta marraine sans être ton parrain, il est lourd et sympathique quand même. Il appréhende le monde par le JT de 20 heures, la politique à travers un quotidien gratuit qu'il feuillette dans les transports et il écoute Radio Nostalgie le reste de la journée.

La dernière fois que tu as dîné chez lui, tu avais invoqué le complot des médias contre Ségolène Royal. Ça avait marché. Il avait voté pour elle.

C'est donc le genre de dîner où tu ne vas pas de ton plein gré. Tu t'y retrouves par gentillesse, une fois tous les six ans, quand refuser pour la trentième fois l'invitation de tonton Marc deviendrait injurieux.

Ça se passe généralement à la campagne, la maison est modeste et agréable, elle te rappelle ton enfance, plus précisément l'été de tes treize ans et la fille des Béliveau, dont la pâleur du teint et la blondeur de la tignasse éblouissaient l'atelier de bricolage qui abritait vos « bousculades » innocentes dans des effluves de colle à bois. Samantha ?

Rebecca ? Un prénom qui n'allait pas avec son accent picard en tous les cas.

C'est donc un réflexe pavlovien qui te mènera à ce dîner. Mais la petite fille ne sera pas là. Aujourd'hui, personne ne vous dira d'aller jouer dehors pendant qu'ils prendront le café en martyrisant la complexité des choses à grands coups de lieux communs.

Aujourd'hui, tu vas rester à table et devoir répondre à la déception de ces Français de gauche tradi.

La queue du rat pendouille déjà d'entre tes lèvres. Tout le monde la voit. Ne te démonte pas et prononce ces mots magiques : « C'est inexact » !

Chaque fois qu'ils te diront que Hollande a trahi sur un sujet, commence par : « C'est inexact. » Attention, ne dis pas : « C'est faux. »

Le mot inexact est plus approprié, il laisse une chance à ton interlocuteur, il lui signifie que ce qu'il dit n'est pas tout à fait conforme à la réalité et qu'il peut, sous réserve de mieux s'informer, rejoindre ton point de vue. « C'est faux » lui signifie qu'il est un âne ou qu'il ment volontairement. C'est trop violent.

Donc le sujet de base, on l'a déjà vu, c'est le chômage ; si on te dit par exemple : « Le chômage n'arrête pas d'augmenter », réponds : « C'est inexact. » Et ensuite, mens.

Parle de la courbe du chômage qui va s'inverser à la fin de cette année ou de la suivante. Comme pour la reprise, la courbe du chômage finira par se stabiliser : quand il n'y aura plus personne à mettre au chômage déjà, ce qui ne saurait tarder.

Déjà, fais l'impasse sur les cinq catégories de chômeurs, ne parle que de la principale, ceux sans aucune activité, ça minimise en soi la situation, c'est bien pratique. Tu éviteras les détails entre ceux qui ont fait un stage récemment, ceux qui font 78 heures par mois payées à la fronde, les DOM-TOM, les radiés et les vieux, ce qui fait un chiffre de 3 330 000 au lieu de la réalité qui frôle les 6 millions.

Tout est dans la façon de voir : explique qu'il y a effectivement 580 000 personnes qui entrent à Pôle emploi chaque mois (affiche un visage grave pour ce moment) mais... que 550 000 en sortent! Que donc le différentiel est certes encore négatif pour quelques mois mais qu'au fond on crée 550 000 emplois par mois en France et ça, c'est la bonne nouvelle (là, recommence à sourire, et affiche une joyeuse excitation), si on regarde les chiffres sous cet angle, on se dit que le bout du tunnel n'est pas si loin et qu'un peu d'optimisme pourrait tout changer (interroge-les du regard, sois jovial).

Observe tonton Marc ; il se sent déjà coupable d'être négatif.

En réalité 50 % seulement de ceux qui sortent de Pôle emploi retrouvent un travail et sur ces 50 %, 60 % ne trouvent qu'un CDD de moins d'un mois. Ce qui fait qu'en réalité, tous les mois en France, entre 80 000 et 100 000 personnes tombent en fin de droits, disparaissent des radars, s'enfoncent dans la précarité, ont du mal à se loger, retournent chez leurs parents, quittent les villes... Ne va surtout pas dire ça !

Mens !

La queue du rat frétille maintenant entre tes lèvres, elle s'agite dangereusement, tout le monde s'en inquiète ? Mens.

– C'est inexact, ça n'est pas un rat mais du roudoudou à l'anis que je suçote parce que j'ai arrêté de fumer.

Oppose à toutes les critiques le même sourire et nie cette saleté d'évidence. «Non, Môssieur, ce que vous dites est tout simplement inexact» sera ta phrase de référence.

Hollande a signé un traité acceptant une diminution du budget européen jamais vu depuis 1957 qui va accabler les plus démunis en affirmant «c'est un bon compromis»?

– C'est inexact! Le budget européen est constant, les sommes sont simplement réallouées et dispatchées de façon à tendre vers l'objectif que François s'est fixé : l'Europe sociale! On peut même dire d'une certaine façon et si on tient compte de la participation anglaise qui n'était pas une évidence au début de la négociation, que le budget est en légère augmentation pour les sujets essentiels comme la politique agricole commune qui a été sauvée et la lutte contre le chômage et la protection sociale qui est en légère augmentation pour la période 2013-2020, et je vous rappelle que c'est pour cette raison que vous avez élu François...

À ce stade, c'est plus du pipeau, c'est un concert de trompettes. Évidemment, tu as inventé ce qui précède mais comme tes hôtes ne sont informés que par les JT de 20 heures et les gratuits, ça passera très bien. Il y aura peut-être une légère résistance, mais tu afficheras une confiance en toi qui fera foi.

La foi est plus puissante que Dieu, ne l'oublie pas.

Autre sujet qui parle à ce genre d'individus de gauche dans un dîner de ce type : L'ANI (Accord national interprofessionnel). Pour eux, cet accord signé par le patronat (MEDEF) et trois syndicats (CFDT, CFTC et CFE-CGC qui ne représentent qu'une minorité des salariés – 38,7 % des voix) constitue le plus grand recul jamais enregistré pour les salariés[1]? Bref, pas digne d'un gouvernement socialiste :

– Ha ha, c'est inexact, cet accord est le plus à gauche jamais trouvé avec le patronat, pourquoi? Parce qu'il tient

1. Voir analyse de la Fondation Copernic.

compte d'une réalité qui est la pro-duc-ti-vi-té et qu'il permet l'adaptabilité des salariés à l'accélération incroyable de la variété des biens produits aujourd'hui, et vous le savez! Mais oui, vous le savez au fond de vous que plus personne ne travaillera dans la même entreprise jusqu'à la fin de sa vie, vous le savez!

Affiche un air contrit avec les bras légèrement écartés pour dire : je le déplore aussi mais c'est comme ça, le monde a changé.

– Il faut accepter l'adaptabilité et pourquoi pas, oui, osons le mot, la flexibilité, mais dans le sens où chacun d'entre nous est confronté à cette réalité : aujourd'hui, je fabrique des chaussures en cuir mais quand la mode aura changé et que les gens porteront des claquettes en bois, je devrai m'adapter et fabriquer des claquettes en bois pour survivre!

L'ANI, pour un Jean Degauche, est un affront inqualifiable et tu le sais. Des députés se sont arraché les yeux à sa lecture. Mais ils ont voté. La discipline.

Cet accord, on peut le résumer ainsi : Sarkozy en avait rêvé, Hollande l'a fait.

Pour le justifier, tu devras faire appel à la logique des convives. Ils ne peuvent pas faire autre chose que d'ouvrir les yeux sur LA réalité libérale qui veut que les salariés doivent se «plier» AUX réalités libérales. LA réalité libérale étant de fabriquer de moins en moins cher une immense quantité de marchandises souvent inutiles sans autre but que de faire avancer la machine elle-même. C'est totalement absurde mais c'est admis par la majorité. Pour l'instant. LES réalités libérales? Le chômage, la précarité, la démocratie dégradée, la captation par le 1 % des plus riches de 95 % des richesses créées [1], le pillage des ressources naturelles jusqu'à l'absurde, la dégradation de la planète, 2 milliards d'individus n'ayant pas accès à l'eau potable en quantité suffisante, etc.

Liste non exhaustive.

Sur tous les sujets, tu peux donc te lancer dans des démonstrations biaisées, inventer des chiffres – surtout inventer des chiffres. Face à des chiffres qui ont l'air absurdes comme les 39 000 milliards captés par les 0,2 %, les plus riches osent dire : *«Non, je n'y crois pas, tonton Marc réfléchit : comment peut-on imaginer ça, c'est inexact, ces chiffres sont tellement fous».* Tu sèmeras le doute parce que c'est effectivement fou et donc possiblement incroyable. Tu peux aussi invoquer le destin ou le sens de l'histoire et ajouter que les socialistes sont conscients de cette situation, qu'ils la gèrent au mieux pour les salariés et que personne d'autre ne le ferait mieux qu'eux. Au pire tu passeras pour un illuminé, au mieux tu sèmeras le doute.

Néanmoins, ces mensonges ne constituent que la première étape du dîner. Jusqu'à présent tu n'as fait qu'entériner ce qu'ils savent déjà : tu es socialiste donc de droite complexée. Tu dois revenir dans leur camp. Te faire aimer.

C'est une pulsion qui chaque fois te ramène dans cette maison : l'éclat d'une chevelure, l'odeur d'une cabane, un sentiment puissant de bonheur sans calcul et la mémoire d'une petite culotte blanche en coton, bref... tu sais tout d'elle, tu n'as oublié que son prénom.

---

1. De 2009 à 2013 selon l'*Associated Press*, voir aussi le site <www.occupywallst.org>

Demande maintenant à ces braves gens pourquoi tu as des chiffres qu'eux n'ont pas? Quelles sont tes sources? Est-ce que tout cela est bien vrai au fond?

L'ignare est suspicieux mais friable, devancer son soupçon le rend plus friable encore.

Dis-leur la vérité : ils n'ont que les chiffres que les médias leur donnent... et on connaît les médias n'est-ce pas? Ils se repaissent du malheur des gens et ils n'ont qu'une idée en tête : faire du chiffre. Salauds de médias! D'ailleurs tu tiens d'un journaliste – c'est toujours bien de dire que tu connais un journaliste qui bosse à *L'Obs* ou au *Monde*, fût-il stagiaire – que l'ambiance dans les rédactions est révolutionnaire tant les patrons de presse imposent une ligne «vendeuse» à leur rédaction plutôt qu'une ligne objective. Le journaliste de «faits» est balayé au profit du journaliste «d'opinion». Voilà pourquoi ils sont si mal informés. «On» leur cache les vrais chiffres pour noircir le tableau de la politique de François et de Jean-Marc :

– «On» commente, ça oui, mais «on» n'informe pas. On commente à l'infini le commentaire du voisin qui était déjà le commentaire d'une situation précédente commentée par un troisième et ainsi de suite jusqu'à la nausée, voilà ce qui se passe! Mais si vous regardiez objectivement les chiffres que vous donne le gouvernement, sans les commentaires, et bien vous constateriez que la situation n'est pas si catastrophique.

C'est le moment d'aspirer la queue du rat comme un spaghetti trop cuit.

Puis laisse un temps.

Regarde-les. Ils vont opiner. Tonton Marc est déjà bien content que tu sois venu, il ne te posera plus de questions qui pourraient t'éloigner plus durablement encore. Pose maintenant ta main sur l'épaule d'une vieille tante ou d'une voisine venue en amie et demande-lui des nouvelles de sa santé.

Ça fera le reste de l'après-midi. Ça n'est pas simple de s'intéresser au fibrome d'une voisine ou à la thrombophlébite de tante Josette mais moins compliqué que justifier la purge que leur inflige la poursuite d'une politique absurde.

Évite d'aller dans l'atelier de bricolage au fond du jardin pour humer ta jeunesse et fumer une clope. D'abord tu as dit que tu avais arrêté de fumer et ensuite le pélerinage serait pénible : il y a un miroir au-dessus de l'établi. Il te renverrait ton image.

CHAPITRE 10

Ose le point Godwin

C'est une méthode que tu connais, tu pratiques peut-être sans savoir qu'on la nomme ainsi. Je te rappelle ce qu'est le point Godwin ? C'est ce moment, dans une conversation entre internautes, où celui qui est à court d'arguments va faire référence à la Deuxième Guerre mondiale, la Shoah et le grand vacarme culpabilisant des « heures les plus sombres de notre histoire ».

Le point Godwin des socialistes honteux de l'année 2013 c'est : « Attention, ça fait le jeu du Front National ! » À droite, ils disent : « ça fait le jeu des extrêmes ». Pour eux, extrême gauche ou extrême droite, c'est pareil. Marx et Hitler : même combat. Doctrine contre doctrine. Misérables que vous êtes.

À partir de ce point Godwin donc, toute conversation devient impossible et se résume à :

– Non, je te le dis franchement, Martine, je n'ai pas envie de discuter de la validité ou non de la politique de François... non ! Je ne parle pas avec quelqu'un qui fait consciemment le jeu du Front National en critiquant tout systématiquement, tu dois être solidaire, sinon aujourd'hui, tu ouvres la porte au

fascisme. Hitler est arrivé au pouvoir par des moyens démo-
cratiques, Martine, merde quoi!

L'argument a une puissance relative. Il n'est pas besoin
d'être stratège pour comprendre qu'un socialiste qui poursuit la politique libérale de son prédécesseur fait plus
sûrement les affaires de ceux qui veulent en changer que
d'affirmer, contre toute évidence, que c'est une politique
nouvelle, alors que c'est simplement la même politique
appliquée par un homme différent.

Malgré tout, dans un dîner avec Jean Degauche, prompt à
culpabiliser, c'est une échappatoire possible, mais réservée
aux militants socialistes bourrus, aux vieux de la vieille, aux
profs aujourd'hui préretraités qui auraient connu les manifs
de l'école libre, ceux qui auraient vu Mitterrand manger son
écharpe devant la «rue de droite», le chapeau, c'était fait
depuis 1983, c'est réservé aux socialistes du bâtiment ou de
Rungis, avec les gros doigts, les épaules larges et fumeurs de
Gauloises. Oser cet ultime «argument» n'est pas fait pour
les vapoteurs anémiques. Franchement, oser déclarer que
les critiques contre François Hollande font le jeu du Front
National, c'est un truc de couillard sévèrement burné avec
un physique à la Tapie et le bagou qui va avec... Si tu te
lances, procède comme suit :

Arrive avec une bouteille de vin, pas un Château préten-
tieux du Bordelais, non... un petit vin de pays avec du caractère, le vin des amis, celui qu'on partage, pas celui qu'on
expose.

Sois souriant, même si ça n'est pas ta nature. Un rictus à
la Jean-Pierre Bacri fera l'affaire, le genre de sourire qui n'encourage pas à dire bonjour, ni ça va.

À l'apéro, regarde les gens dans les yeux et juge-les déjà. C'est facile : il faut que tu prennes cet air un peu supérieur de celui qui sait. Personne n'a besoin de savoir ce que tu sais, il suffit d'avoir l'air de savoir pour inspirer le respect : comme ceux qui savent.

Tu crois qu'ils font comment les économistes de la télé ?

Il te faudra de la patience, Jean Degauche ne s'attaque pas facilement au socialiste bravache. Il va y venir aux sarcasmes, mais lentement, sur des œufs, comme un chat dans la nuit. Ton petit vin de pays peut aider. Sers-les et ressers-les. N'hésite pas. Quand ça va se mettre en route, ça enchaînera vite : le traité non renégocié, la finance qu'on cajole au lieu de la dompter, le logement dans lequel on investit trop peu, les énergies renouvelables qu'on néglige, la transition énergétique qu'on repousse, Moscovici qui va à université d'été du MEDEF s'amuser avec Gattaz et qui oublie les universités d'été du PS où il se ferait engueuler et les banques ! C'est sur les banques que tu dois toucher le point Godwin ! Inévitablement, quelqu'un parlera de la loi bancaire qui était censée séparer les banques en deux. Là, vas-y, lâche-toi !

– Non ! Là tu vas trop loin, Martine ! Les banques, les banques ! Mais… tu parles comme Marine le Pen !

C'est vrai que Marine le Pen est pour la séparation totale des banques de dépôt et des banques d'affaires. Comme Mélenchon, comme Hollande en campagne, comme Bayrou et les gaullistes sociaux, comme la majorité des socialistes français, comme le gouverneur de la Banque d'Angleterre, celui de la FED, des centaines d'économistes dans le monde, dix prix Nobel d'économie, la majorité des banquiers et même Bill Clinton qui a mis fin au Glass-Steagall Act qui valut à l'économie mondiale trente-cinq ans de stabilité bancaire, mais… ça, tu n'es pas obligé de le préciser.

Il y aura toujours un petit malin pour dire : « J'aime la choucroute, Hitler aimait la choucroute, suis-je nazi pour autant ? » Réponds que oui. Que le seul fait de penser à Hitler en bouffant de la choucroute fait de lui une personne suspecte, que le syllogisme a ses limites et qu'il vient de les franchir tout en se démasquant !

Dis que tu es ouvert au débat, mais surtout ne débats pas ! Impose cette évidence : ne pas être avec François, c'est être contre François et, dans le contexte actuel – il faut toujours ajouter : « ... dans le contexte actuel », ça induit que tu le connais parfaitement après avoir analysé de façon exhaustive tous les contextes passés pour en déduire que le contexte actuel était suffisamment différent et particulier que tu doives y faire référence pour la suite de ta phrase que voici : « ... ça fait objectivement le jeu du Front National ! »

Et là tu ne lâches plus ! En toutes circonstances, même les plus futiles.

– Hollande a repris du poids je trouve ! Au moins lui la crise lui profite.

– Les attaques physiques maintenant ? Tu me dégoûtes, Jeannot, pourquoi pas des affiches pour montrer les caractéristiques extérieures typiques du socialiste aussi, comme en 1933, c'est çaaaa ? Ce climat, dans le contexte actuel, fait objectivement le jeu du Front National !

– Dis donc, la Valérie Trierweiler là, elle n'a pas l'air commode...

– Et alors ? C'est sa vie privée ça, tu vas pas nous faire du *Voici* ou du *Closer* ? La pipeulisation de la vie politique, ça ne fait que faire le jeu du Front National.

– J'ai soif, tu me passerais pas le blanc, je le trouve meilleur.

– Le VIN blanc s'il te plaît, ce racisme latent fait le jeu du Front National.

Si tu es une femme, ami(e) militant(e) socialiste, chaque fois qu'on monte le ton contre toi, crie au sexisme, au machisme, à la misogynie, à l'homophobie au génocide des petites filles en Chine et à l'excision généralisée. Et lance-toi dans des histoires personnelles… puis reporte-toi au chapitre «La queue du rat». Mens.

Le plus difficile sera de réussir ta sortie. Il faudra être théâtral sans être pédant, un rien de grandiloquence n'est pas néfaste, n'oublie pas que tu as quand même évoqué l'extermination d'un peuple, mais pas de déclamation! Pour t'éviter la tentation de l'emphase, pense juste au ridicule d'un Henri Guaino singeant André Malraux, devant les cohortes chrétiennes des anti-mariage pour tous. Dans le domaine du talent oratoire, quand tu n'as pas les moyens, il n'y a pas de crédit possible : pauvre tu es, pauvre tu restes.

Si tu ne le sens pas, montre-toi déçu, un rien en dessous dans le ton. Affecté. Ça marche aussi.

– Je suis déçu, vraiment déçu. Vous critiquez Hollande sans le moindre argument, l'instinct grégaire du râleur français vous submerge et vous ne vous rendez même plus compte que vous faites le jeu du Front National. Vous brûlez votre maison pour avoir chaud une dernière fois et vous valsez autour du brasier. Vous êtes inconscients. Une bande de fous. Quand je pense que j'ai amené une caisse de vin de pays et que je la partage avec des irresponsables! Je suis déçu. La prochaine fois que vous serez dans un isoloir, pensez à 1933, pensez à Hitler, pensez à la Shoah et osez dire : on ne savait pas!

Là, tu te lèves et tu claques la porte.

Tu peux tenter un petit : «Messieurs les irresponsables, bonsoir», si tu te rêves en Maurice Clavel d'appartement, mais ça n'est pas nécessaire.

Ne culpabilise pas en descendant l'escalier de service, tu n'as pas tout à fait tort : quand la gauche critique les socialistes, le FN rigole et engrange. Même si tu sais que si les socialistes étaient un peu plus de gauche, il y aurait peut-être moins de place pour cette critique et donc moins d'espace pour le FN. La réponse sera dans les urnes de la prochaine élection.

Conclusion

Ami militant socialiste qui travailles encore à Solférino, si après avoir lu jusque-là, tu penses que je suis pessimiste sur tes capacités à sortir indemne d'un dîner avec Jean Degauche, tu as raison. Je le suis. Même si ta carapace s'est consolidée face aux critiques, tu as gardé une conscience, j'en suis sûr. Je le vois dans tes yeux. Tous ces gens chez qui nous avons dîné si souvent, ces originaux inventifs dont la fainéantise sympathique était source de rigolade et qui ne sont aujourd'hui à tes yeux que des précaires assistés, ces cadres mal à l'aise, ces érudits désespérés, ces bobos si concernés devenus si indifférents ou cyniques, ta famille de cheminots chaleureux qui aujourd'hui fulmine, tes copines infirmières et tes tantes fonctionnaires aux impôts, si dévouées il y a encore quelques années et qui aujourd'hui ont perdu toute illusion, tous ces gens qui furent la sève nourricière du PS, tu ne les vois plus, tu ne les entends plus et tu ne leur parles plus. Ou alors tu leur parles si mal que souvent, il vaudrait mieux que tu te taises.

Cette situation me préoccupe et je suis plus préoccupé encore par l'ampleur de l'attaque idéologique qui se développe contre le socialisme et à laquelle je viens d'ajouter ma voix.

Je suis préoccupé par mon propre dégoût parce que je ne peux le mesurer qu'en le confrontant aux autres dégoûtés du PS. Chez les autres, je le trouve bien plus profond encore. Et j'ai un peu les chocottes, j'avoue.

Je suis de gauche et ce livre est aussi un cri d'amour. J'aimerais qu'il serve de coup de pied au cul à tous les futurs dirigeants de ce vieux pays que j'aime. Mais je suis, sur ce point, encore plus pessimiste que sur le précédent pour me faire la moindre illusion. Je constate chaque jour les attaques insidieuses ou frontales contre les valeurs de progrès, de justice et d'égalité qui fondent l'identité «de gauche» et justifient ses combats.

Elles ne sont même plus contestées, ces valeurs, ni débattues : elles sont ridiculisées. Ringardisées par de jeunes crétins qui gagnent 3 000 euros par mois et se prennent pour Bill Gates. Ils en ont les attitudes et se rengorgent de «compétitivité», de «se lever le cul pour bosser dur», et de «... moi, je vois à l'étranger, les gens se posent pas de questions, ils bossent quoi». Oui, ils bossent, contraints et forcés, pour des salaires de misère, c'est vrai. Et les commentateurs qui se reconnaissent chez les jeunes crétins quand ils n'en sont pas eux-mêmes sont tellement imprégnés de «culture» libérale que recevoir un syndicaliste dans leurs émissions ou dans leurs journaux est devenu folklorique. Tout cela crée un climat. Un climat trompeur. Dès qu'on sort dans la rue, ces valeurs de justice et de redistribution des richesses, on les retrouve partout, dans toutes les couches du corps social. Beaucoup chez les jeunes entrepreneurs d'ailleurs.

Redistribuer de façon équitable les richesses que tout le monde participe à créer reste le fondement de la justice sociale et ne semble pas un but inatteignable. Redistribuer ne veut pas dire «tout le monde gagne pareil». Il y aura toujours des riches et des pauvres. Ça veut dire que celui qui gagne énormément doit remettre l'argent dans le circuit sous forme d'investissements ou de consommation et que tout ce qu'il ne remet pas dans le circuit de sa propre initiative, on le remet par l'impôt. Ça s'appelle réguler. Ça s'appelle l'État fort. C'est assez simple. C'est même sans doute parce que c'est simple d'y parvenir que cette redistribution est prise pour cible par le camp d'en face. Parce qu'elle est le chevron de tout le reste : la justice sociale n'est pas la conséquence de la réussite économique, elle en est la condition. La preuve est que ça a fonctionné pendant trente-cinq ans, de 1945 à 1975 environ. Roosevelt, en juin 1944, lors de la conférence de Philadelphie dont furent tirés les accords de Bretton Wood organisant l'économie mondiale et créant le FMI et l'ONU, fit adopter le préambule suivant :

– le travail n'est pas une marchandise ;

– la pauvreté, où qu'elle existe, constitue un danger pour la prospérité de tous.

– Convaincue qu'une paix durable ne peut être établie que sur la base de la justice sociale, la Conférence reconnaît l'obligation solennelle de réaliser : la plénitude de l'emploi et l'élévation des niveaux de vie ; la possibilité pour tous d'une participation équitable aux fruits du progrès en matière de salaires, de durée du travail et autres conditions de travail, et un salaire minimum vital pour tous ceux qui ont un emploi et ont besoin d'une telle protection.

Roosevelt n'était pas de gauche et encore moins communiste, je dis ça à l'intention des jeunes crétins qui hurlent au socialo-communisme à la moindre évocation d'une

régulation. Ça s'appelle du capitalisme bien fait, jeunes crétins. L'argent va au travail, pas à la rente.

Les lois qui ont mis en application ces principes fonda-
teurs ont toutes été abrogées ou rendues inopérantes au fil
des trente dernières années par les partisans de la dérégulation totale. C'est purement doctrinaire. Et ça ne fonctionne
pas. Ou, si on veut faire une concession au libéralisme, ça ne
fonctionne plus. Le capitalisme régulé a créé des richesses
pour tout le monde. Le libéralisme n'a créé des fortunes que
pour quelques-uns. La bonne nouvelle, c'est que ce qu'une
loi a fait, une autre loi peut le défaire. Ça marche dans les
deux sens. Toujours.

Le mur de Berlin du libéralisme tombera comme l'autre.
Un jour. D'un coup. Ça sera une belle panique, ce jour-là. On
reconstruira à cette occasion, avec de nouvelles règles, un
monde plus vivable pour le plus grand nombre et ça durera
quelques décennies. Puis d'autres destructeurs avides
jouant avec les règles et toujours au nom de la liberté fou-
tront tout ça par terre encore, encore et encore.

Le problème, c'est qu'aujourd'hui le camp d'en face n'est
plus en face, mais partout. Comment, en arrivant au pouvoir
en 2012, François Hollande a-t-il pu à ce point poursuivre la
politique libérale de son prédécesseur ? Pourquoi n'a-t-il pas
tout simplement changé de politique ? À cause de l'Europe ?
De la mondialisation ? De la finance ? De la consanguinité
des cursus depuis quarante ans ? L'ENA ? La pensée unique ?
Combien de livres sur le sujet ? Des dizaines ? Des centaines ?

Admettons qu'il ait été difficile d'obtenir des chan-
gements en arrivant. Admettons-le. Mais où a-t-on pu
entendre qu'il avait fait des propositions radicales pour
remettre les marchés financiers à leur place et la fiscalité à
l'endroit ? Où a-t-il proposé de renverser le cours des choses

dans le sens de l'intérêt général ? Nulle part. Qu'on les lui ait refusées, ses mesures radicales, qu'on ait exercé sur lui des pressions insoutenables, qu'il ait subi le courroux de Merkel, de Cameron, de Barroso ou même qu'on l'ait menacé de revivre avec Ségolène Royal jusqu'à la fin de ses jours, soit, nous aurions compris et nous aurions soutenu, mais non, il n'a même pas proposé, pas parlé, pas existé. Un éditoria-liste a appelé ça le socialisme géo-stationnaire : il reste fixe au-dessus du libéralisme et en suit l'évolution sans jamais bouger.

Je me suis demandé pourquoi, comme toi. «Il cherche toujours le compromis, ça le bloque» est une explication trop courte pour moi. Un compromis, c'est quand tout le monde est mal.

J'ai trouvé un embryon de réponse dans deux études sur le comportement social qui font flores dans les écoles de management : «L'effet de gel» de Kurt Lewin, de 1947, et «L'escalade d'engagement» de Staw en 1976. Je vous encou-rage à les lire, ici je résume :

L'effet de gel, c'est l'adhésion des individus à l'acte de décision et non aux raisons qui ont conduit à cette décision. De ce fait, la décision initiale gèle toutes les alternatives et conduit l'individu à agir, quoi qu'il arrive, en cohérence avec la décision initiale.

Pour le PS, la décision d'accepter l'économie de marché a été prise en 1983. Sous condition néanmoins : qu'elle fût régulée drastiquement, comme Roosevelt l'avait fait. Eh bien, malgré toutes les dérives libérales qui ont grignoté toutes les régulations et qui à l'évidence mènent ce système dans le mur, tous les dirigeants socialistes cherchent à vali-der la décision initiale de Mitterrand en gelant leur univers d'alternatives. Ils ne pensent même plus. Ils n'envisagent

même plus d'autres solutions et quand d'autres les ima-
ginent pour eux, ils les soutiennent! Oui, ils les soutiennent,
les trouvent même «concrètes et intéressantes» mais se
gardent bien de les mettre en route. Ils préfèrent valider la

Fac-similé du mot manuscrit de Hollande à Pierre Larrouturou.

décision initiale : Einstein disait de ce genre de comportement : «faire sans arrêt la même chose en espérant un résul-
tat différent, c'est là, la vraie folie» et c'est aussi l'illustration
de l'escalade d'engagement.

Staw démontre qu'après avoir pris une décision, nous
avons tendance à nous y accrocher même si cette décision
est notoirement néfaste et remise objectivement en cause
par les faits. La persévération s'expliquerait par la nécessité
que nous aurions d'affirmer la rationalité de la première

décision plutôt que de reconnaître une erreur : pourquoi aurions-nous fait le choix initial si ce choix n'avait pas été rationnel et cohérent ? Hein ?

Les penseurs politiques, les conseillers spéciaux, les éminences grises, les visiteurs du soir sont de ceux-là.

A-t-on entendu une seule fois Jacques Attali dire qu'il s'était trompé, par exemple ? Et Alain Minc ? Et BHL ? Ces trois-là sont emblématiques mais pas exclusifs bien sûr, ça n'est pas une attaque *ad hominem* gratuite, mais ils illustrent à merveille l'escalade d'engagement. Nous les entendons depuis quarante ans ! Quarante ans ! Ils occupent une place médiatique incroyable sur chaque crise, chaque relance, chaque rechute, chaque guerre, chaque événement, chaque Président, imperturbables, ils sont là derrière, avec leurs « idées » toujours prêtes à servir ou resservir surtout. Rentiers des idées. Aidés en cela par la fainéantise des journalistes qui les préfèrent à tout autre invité : on connaît la bio et on les laisse parler parce que ce sont de bons clients, ça fait une émission vite remplie et sans bosser.

Acteurs de la vie politique, ils ne supportent pas qu'on les appelle commentateurs.

Quand même, si vous pouviez arrêter de nous aider les gars, ça serait gentil, parce que... ça ne nous aide pas. Le monde ne tourne vraiment pas rond depuis que vous vous en occupez, les copains, laissez un peu la place à d'autres. Et pas d'autres que vous auriez déjà déformés avec vos « idées », en allant les chercher à la sortie de ces grandes écoles qui vous accueillirent et qui constituent aujourd'hui votre vivier à « documentalistes » pour vos livres. Il vous arrive de placer les plus intelligents, les plus dociles aussi, chez vos potes dans les cabinets ministériels afin qu'ils valident inlassablement le choix initial qui fut le vôtre. Pardon ? C'est parce

qu'on ne vous écoute pas assez que ça ne fonctionne pas?!
Quoâ? Vous pensez en doctrinaires, vous? Les communistes
disaient ça tout le temps : «Si le communisme ne marche
pas, ça n'est pas parce qu'il y a trop de communisme, mais
parce qu'il n'y a pas assez de communisme.» S'il vous plaît,
les gars : lâchez l'affaire parce que, à l'évidence, que les pré-
sidents vous écoutent trop ou pas assez, dans les deux cas,
vous ne servez pas à grand-chose de bon depuis quarante
ans.

Il y a un type qui s'appelait George Ball, Il était sous-
secrétaire d'État américain en 1965 et le président Johnson
lui avait demandé un rapport sur les conséquences qu'aurait l'envoi de troupes supplémentaires au Vietnam : «Dès
qu'un grand nombre de troupes américaines auront été
engagées dans des combats directs, elles commenceront
à enregistrer de lourdes pertes. Elles ne sont pas équipées
pour livrer bataille dans un pays inhospitalier, pour ne pas
dire franchement hostile. Après avoir subi de grosses pertes,
nous serons entrés dans un processus quasi irréversible.
Notre implication sera si grande que nous ne pourrons
plus arrêter avant d'avoir complètement atteint nos objectifs, sauf à accepter une humiliation nationale. De ces deux
possibilités, je pense que l'humiliation devrait être plus probable que l'atteinte de nos objectifs, même après que nous
aurons subi de lourdes pertes.»

La décision d'entrer en guerre avait, hélas, déjà été prise.
Personne n'a reculé. On a validé la première décision.
Aucune défaite, aucun bourbier n'a fait changer la décision
initiale.

Quand aujourd'hui de multiples voix s'élèvent pour dire
que le libéralisme ne fonctionne pas, c'est objectif, ce système d'organisation du monde ne fonctionne que pour

un tout petit nombre d'individus. Mais nos dirigeants ne peuvent pas prendre la décision d'arrêter cette folie qui détruit les ressources de la planète et organise la misère de ses habitants puisqu'ils ont collectivement pris la décision de mettre en place ce système.

Les mêmes pourtant qui, individuellement, s'ils se trompent de route lorsqu'ils conduisent leur voiture, font demi-tour sans problème pour se remettre dans la bonne direction. S'ils agissaient avec leur voiture comme ils agissent avec leur pays, à chaque fois qu'ils se tromperaient de route, ils fonceraient dans la mauvaise direction quoi qu'il arrive jusqu'à ce que le réservoir soit vide, n'écoutant pas les passagers qui leur diraient qu'ils se trompent, quitte à finir dans un endroit inconnu, désert, éloigné de tout, avec des passagers qui leur cassent la gueule. Le temps de retour sur la bonne route serait très long, pénible et aléatoire. Certains passagers ne pourraient pas le faire, épuisés, trop vieux, trop jeunes, trop mal équipés... cela occasionnerait des disputes, des bagarres et des tensions durables. Une fois revenus sur le bon chemin, il faudrait en plus retrouver un véhicule confortable pour faire le reste du voyage. À ce stade, le chauffeur initial voudrait reprendre le volant et comme il parviendrait à faire croire aux autres qu'il est le seul à avoir le permis, ces andouilles lui redonneraient le volant. Bref, on appelle ça une grosse galère. Alors que le demi-tour quand il est encore temps évite des souffrances à tout le monde.

Quelque chose me dit que le demi-tour n'est pas au programme de Jean-Marc Ayrault.

Seuls les citoyens peuvent y faire quelque chose maintenant : vous, moi, en proposant des alternatives, en ouvrant les yeux des moins sensibles à l'effet de gel et en virant les autres démocratiquement. Prendre la place. Et changer les décisions initiales qui nous ont menées au bord de la falaise, sans parachute. Nous n'y parviendrons pas facilement car nous avons accepté tant de choses depuis trente ans que nous sommes aussi responsables des décisions prises en notre nom. Nous avons choisi démocratiquement parmi ceux qui se présentaient sans vouloir ouvrir les yeux sur les similitudes pourtant évidentes de leurs orientations générales. Les sorties de cette impasse ne sont pas si nombreuses : soit on pense que tout va bien et que ceux qui ont créé les problèmes vont les résoudre et on continue avec les mêmes. Encore et encore. Soit on veut tout foutre en l'air, l'Europe et la monnaie, les valeurs de solidarité et de fraternité en se repliant sur soi : on vote FN… ou on invente autre chose avec d'autres gens dans un système qui ne fonctionne pas si mal pour peu qu'on le régule sérieusement.

Je ne suis pas sûr qu'il soit trop tard.

Je pense que ça vaut le coup d'essayer. Une dernière fois.

Votre avis ?

Annexe

Militant socialiste, tu es de gauche, pour le moins tu en as les capacités, tu as ton permis ou tu le veux. Tu as simplement au fil du temps, sans trop faire gaffe, perdu tous tes points.

Voici un petit test pour en récupérer quelques-uns avant de perdre définitivement le droit de conduire un programme «de gauche».

Test de récupération de points de socialisme

Situation 1 : Vous avez sous les yeux un tableau vous indiquant très clairement que la croissance baisse régulièrement d'un point de PIB par décennie depuis près de cinquante ans. Soudain, devant vous, quelqu'un dit : «La croissance va revenir parce qu'elle doit revenir, sinon ça va mal finir.» Dans cette situation votre réaction est :

Réponse 1 : Le tableau est un faux : vous déplorez qu'on n'aille pas chercher la croissance avec les dents, que le volontarisme français se soit envolé et vous bottez les fesses de la personne que vous accusez de démoraliser les honnêtes gens!

Réponse 2: Le tableau est vrai mais vous répondez quand même que «bien sûr, la croissance reviendra bien un jour» puisque «les trente glorieuses sont devant nous».

Réponse 3: Vous réfléchissez à comment faire avec au maximum 1 point de croissance annuel parce que les gens sont aujourd'hui très bien équipés en tout, même les moins riches, les gains de la productivité de l'informatisation sont derrière nous, les services ont un gain de productivité réduit, les ressources s'épuisent et qu'une croissance forte sur une planète finie est quasiment impossible. (Cf. Olivier Berruyer, *Les faits sont têtus, op. cit.*)

Réponse 4: de toute façon les Chinois sont plus forts que nous et la croissance c'est eux, et en plus ils font du karaté.

Situation 2 : Vous croisez le chiffre de la dette de la France qui est de 90 % du PIB, après un bref calcul, vous vous apercevez que chaque foyer, dont le vôtre, doit 120 000 euros rien que pour la dette. Votre première réaction est :

Réponse 1 : Hardi les gars ! Il faut travailler plus pour gagner plus afin de rembourser rapidement et passer à autre chose.

Réponse 2 : Oh mon Dieu ! Il faut absolument rassurer les marchés par une politique conforme aux recommandations du FMI et de la BCE pour qu'ils nous prêtent encore des sous pendant 1 000 ans sans qu'on rembourse jamais.

Réponse 3 : Seuls les naïfs ou les ignorants de l'histoire de la dette pensent que la dette montera jusqu'au ciel sans qu'on paie d'une façon ou d'une autre. Donc quatre solutions seulement : des impôts légers mais longtemps (on le fait déjà). Des impôts massifs, tout de suite. De l'hyperinflation ou la restructuration de la dette. Dans tous les cas, c'est douloureux, mais pas pour les mêmes personnes [1].

Réponse 4 : Le Qatar paiera quand il aura acheté la France. Au fait, ils jouent contre qui le PSG, dimanche ?

---

1. Voir Olivier Berruyer, *Les faits sont têtus, op. cit.*

Situation 3 : Un de vos amis, diplômé, ne trouve pas de travail à sa mesure. Il constate à ses dépens que depuis les années 80, malgré de courtes périodes de rémission, le chômage et la pauvreté frappent 20 millions d'individus en Europe, il est dégoûté, vous...

Réponse 1 : ... lui parlez d'évidences : trop de charges sociales, trop d'assistanat, du travail, il y en a ! Seulement on gagne plus à ne rien foutre, la France est un vieux pays sclérosé, on n'est pas compétitifs, émigre en Angleterre !

Réponse 2 :... l'encouragez à avoir confiance, à accepter momentanément un petit boulot en attendant, à travailler dur, à ne pas se plaindre, le bout du tunnel n'est peut-être pas si loin, la reprise est là, c'est pour la fin de l'année, ou de la suivante, et le plein emploi pour 2035.

Réponse 3 : ... lui expliquez ce qu'il sait déjà : nous sommes dans un monde d'hyperproductivité, de moins en moins de gens pour produire de plus en plus : inéluctablement, il faudra partager le travail et réduire sa durée.

Réponse 4 : ... riez : t'es mal mon pote, si tu n'acceptes pas un salaire de Chinois, comment veux-tu être compétitif avec les Chinois ? Logique, non ? En plus tu fais même pas de karaté !

Situation 4 : Devant vous, pour la énième fois l'Allemagne est citée en exemple de réussite en matière de lutte contre le chômage, vous devez...

Réponse 1 : ... être admiratif, afficher une moue épatée et hocher la tête lentement comme sur un rythme de free-jazz : c'est vrai, mais eux, ils bossent sans se plaindre, ils sont courageux.

Réponse 2 :... être admiratif, afficher une moue épatée et hocher la tête lentement comme sur un rythme de free-jazz : c'est vrai, grâce à Gerhard Schröder qui était socialiste.

Réponse 3 :... être lucide : ils s'en sortent mieux parce qu'ils parasitent l'Europe : salaires très bas, petits boulots, ils sont dans une misère acceptée. Mais dans un organisme, il ne peut y avoir qu'un parasite, si tout le monde faisait la même chose, l'organisme mourrait. Sans Europe fédérale, pas de salut européen.

Réponse 4 : ... être admiratif, afficher une moue épatée et hocher la tête lentement comme sur un rythme de free-jazz : une province chinoise à 300 kilomètres de Paris ? C'est une aubaine pour le tourisme exotique et pour apprendre le karaté.

Situation 5 : Vous revenez de l'île de Jersey où vous avez constaté qu'un immeuble de trois étages abritait près de 10 000 sièges sociaux de sociétés, vous pensez que...

Réponse 1 : ... la crise du logement est un problème majeur pour les insulaires.

Réponse 2 : ... c'est pas possible quand même sur trois étages, si? Parce que sinon le concierge il doit avoir beaucoup de travail rien que pour distribuer le courrier quand même déjà, non? En même temps pour ses étrennes, ça doit être avantageux. Vous êtes sûr de vos chiffres?

Réponse 3 : ... la lutte contre les paradis fiscaux est indispensable si on veut remettre la finance à sa place, il faut s'y mettre vraiment.

Réponse 4 : ... personne n'est content de payer des impôts... donne 10 briques à un ouvrier tu vas voir qu'il va devenir un excellent exilé fiscal... et se mettre au karaté.

Situation 6 : Vous avez fait le plein d'essence sans plomb 98 à 1,89 le litre, vous prenez la route avec une pensée négative, même si la clim poussée au maximum vous empêche de transpirer, vous avez des sueurs, vous pensez que...

Réponse 1 : ... il faut acheter un 4x4, la clim est plus efficace sur les grosses cylindrées. De toute façon, si t'as pas de 4x4 à cinquante ans, c'est que t'as pas de Rolex non plus et que tu as raté ta vie.

Réponse 2 : ... ça ne peut plus durer, ces augmentations, enfin! il faut mettre en place un système flottant de taxes qui empêche les compagnies pétrolières de faire ce qu'elles veulent, afin de payer l'essence 1,86 euro au lieu d'1,89 parce que cette fois c'est sûr, l'essence à 2 euros, Martine, je vends la voiture!

Réponse 3 : ... qu'il est temps de mettre en place la transition énergétique parce que c'est vital et qu'en plus c'est là que se trouvent les emplois de demain.

Réponse 4 : ... c'est pas pressé, on a cent ans de réserve de gaz sous les fesses. Bah oui, le Qatar a racheté la France et nous sommes devenus producteurs de gaz, vous ne saviez pas?

Situation 7 : Votre usine ferme, pourtant elle faisait des bénéfices, peu, mais régulièrement. Les actionnaires ont décidé d'installer leur production en Irlande parce qu'on y paie que 12 % d'impôts sur les bénéfices. Vous êtes donc chômeur. Votre première réaction est...

Réponse 1 : ... il faut aligner notre fiscalité sur l'Irlande, bon sang, sinon toutes les entreprises vont filer là-bas ! Et même baisser l'impôt sur les dividendes à 10 %, comme ça, elles viendront chez nous. Même à 5 %, comme ça, on sera riches... et même 0 % d'impôt sur les dividendes, comme ça, on sera... heu : Monaco ?

Réponse 2 : ... c'est momentané. C'est bien dommage que les Irlandais aient fait ce choix de fiscalité mais il faut le respecter, j'espère juste que mon futur employeur – si j'en trouve un – sera un bon citoyen et qu'il ne quittera pas son pays pour payer moins d'impôts sur ses dividendes. J'espère. En tout cas, ça serait bien, merci.

Réponse 3 : ... la lutte contre le dumping fiscal n'est même plus un objectif, c'est une nécessité vitale, comme faire l'Europe sociale maintenant et... vite. (Cf. *C'est plus grave que ce qu'on vous dit... mais on peut s'en sortir !*, Pierre Larrouturou, *op. cit.*)

Réponse 4 : Je reste calme et j'appelle Batman pour qu'il casse la gueule à ces actionnaires voraces parce que mes cours de karaté à Gersey étaient trop loin...

Situation 8 : Vous avez 35 ans, vous gagnez 2 000 euros par mois et vous voulez vous loger dans une grande ville. Mais un propriétaire exige que votre salaire corresponde à trois ou quatre fois le montant du loyer. Vous pourrez donc mettre au mieux 620 euros dans un loyer et espérer un logement de 40 m² si tout va bien... Vous pensez :

Réponse 1 : Je dois travailler plus, faire des heures supplémentaires, obtenir un salaire de 2 500 euros afin de pouvoir louer 45 m² et fonder une famille.

Réponse 2 : Le logement, c'est effectivement un problème mais j'accepte cette contrainte car il fallait bien trouver un ministère aux écologistes.

Réponse 3 : Investir massivement dans le logement, c'est possible. Les 37 milliards du fonds de réserve des retraites peuvent servir à ça, plutôt qu'être placés sur les marchés financiers. Les Hollandais et les Allemands l'ont fait, ça marche.

Réponse 4 : Je vais de ce pas sur Internet me fabriquer de fausses fiches de paye.

Situation 9 : Vous êtes salarié. Votre fiche de paye comporte 46 lignes de contributions en tous genres. Arrive le troisième tiers provisionnel... vous pensez :

Réponse 1 : On paie trop d'impôts et ça n'est pas normal ! Ça ne sert qu'à engraisser l'État – tous des voleurs – et je vais me tirer en Angleterre si ça continue ! Je ne reviendrai en France que pour me faire soigner les dents parce que c'est gratuit et que, au moins pour ça, c'est bien, la France.

Réponse 2 : On paie beaucoup d'impôts soit, mais c'est normal : il faut bien financer les services publics... mais si on les supprimait, ces services qui ne fonctionnent pas bien puisqu'on les méprise depuis vingt ans, ça ne serait peut-être pas une si mauvaise idée que ça.

Réponse 3 : On ne paie ni trop d'impôts, ni pas assez d'impôts : on ne paye pas les «bons» impôts. (Si on revenait simplement à fiscalité d'il y a dix ans – que personne ne jugeait confiscatoire ni communiste – il y aurait aujourd'hui 100 milliards de plus chaque année dans les caisses de l'État.) Il faut une vraie réforme fiscale avec une retenue à la source sur les salaires ET le capital. (Cf. Thomas Piketty, Emmanuel Saez et Camille Landais : *Pour une révolution fiscale*, Le Seuil, 2011).

Réponse 4 : Gérard Depardieu m'a invité en Russie pour le week-end, je pense qu'il est dans le vrai.

Situation 10 : **Vous avez été convoqué pour voter, donc ous exprimer et choisir. Vous avez choisi un(e) candidat(e) pour son programme. Arrivé à destination, c'est-à-dire au pouvoir, ce(cette) candidat(e) fait le contraire de ce qu'il avait dit. Votre réaction :**

Réponse 1 : La prochaine fois, je vote Front National et puis c'est tout.

Réponse 2 : La prochaine fois, je vote Mélenchon et puis c'est tout.

Réponse 3 : Le financiarisme a pris le contrôle du politique qui est aujourd'hui totalement incapable (ou en tout cas ne montre pas l'envie impérieuse) de réguler des capitaux qui changent de pays en une seconde. Le vote est un alibi et les peuples jugés «inconséquents» politiquement. Le défi des décennies qui viennent, c'est de sauver la démocratie.

Réponse 4 : La prochaine fois, je fais comme la dernière : je ne vote pas. L'économie marche mieux sous une dictature de toute façon, regardez les Chinois.

Situation 11 : Au détour d'un événement «imprévisible» (catastrophe nucléaire, banqueroute d'une compagnie d'assurances, guerre locale, etc.), une crise bancaire et monétaire survient comme en 2008. L'État ne pouvant plus payer pour la énième fois la dette des banques, c'est la faillite du pays. Vous pensez :

Réponse 1 : Si on avait travaillé plus et si on n'avait pas encouragé les feignants par les aides sociales distribuées sans discernement à tous les étrangers qui nous envahissent sans qu'on ne fasse rien, eh ben… on n'en serait pas arrivé là ; quand Sarkozy sera revenu, eh bien, il nous sauvera !

Réponse 2 : C'était imprévisible, je ne comprends pas… Pourtant notre modèle de banques universelles avait très bien résisté aux crises précédentes puisque l'État couvrait les risques quoi qu'il arrive ! C'est pour ça, je ne comprends pas… elles ne pouvaient pas s'effondrer, ces banques, normalement. Puisque l'on couvrait les risques. Incroyable que ça soit arrivé quand même. Personne ne pouvait prévoir ça, c'est… c'est la fatalité.

Réponse 3 : Depuis le temps qu'on vous dit de séparer les banques d'affaires des banques de dépôt parce que les contribuables n'ont pas à assumer les pertes des spéculateurs. (Surtout qu'ils n'en partagent jamais les bénéfices.) C'était prévisible que ça explose un jour.

Réponse 4 : Moi, je m'en fous, j'ai pas de fric, alors vos problèmes de banques hein… En même temps le prix des clopes est passé à 10 euros le paquet, c'est normal, ça ?

Situation 12 : Vous circulez sur une voie sans issue, votre visibilité à long terme se résume au mois prochain, les nuages s'amoncellent au-dessus de vous et vous aurez 25 ans demain. Vous...

Réponse 1 : ... en voulez aux socialo-communistes qui n'aident que les faibles et excusent tout le monde tout le temps. Si le libéralisme ne fonctionne pas bien pour les plus pauvres, le bilan est globalement positif, et pour que ça fonctionne mieux, il ne faut pas moins de libéralisme mais plus de libéralisme ! Lorsqu'on vous fait remarquer que cette croyance en une doctrine absconse ressemble comme deux gouttes d'eau à la croyance communiste des années 60-70, vous vous offusquez en prétendant que tout cela est faux et relève de la désinformation socialo-communiste qui étouffe les rédactions des médias. Quand on vous fait remarquer que c'est exactement ce que disaient les communistes des années 60-70 quand on osait critiquer leur doctrine absconse, vous... etc.

Réponse 2 : ... restez optimiste, la reprise est là, la croissance bientôt de retour et le plein emploi pas si loin. Quand on vous demande pourquoi vous croyez cela, vous répondez que c'est parce qu'en restant optimisme, en y croyant, la reprise viendra plus vite, la croissance sera bientôt de retour et le plein emploi pas si loin. Vous êtes probablement membre du PS.

Réponse 3 : ... vous vous engagez sous une forme ou une autre dans la vie politique de votre pays pour infléchir cette pensée mortelle qui veut que tout ait été fait, que rien n'est possible à cause de l'Europe ou de l'euro ou des Allemands, ou des Chinois, ou des banques et vous prenez votre destinée en main.

Réponse 4 : Ouais, m'en fous, je suis ici que pour récupérer des points de gauche, moi, le reste je m'en tape.

Retrouvez les résultats de ce test sur Internet :
www.roosevelt2012.fr

Table

Achevé d'imprimer en décembre 2013
par Normandie Roto Impression s.a.s., à Lonrai
Dépôt légal : novembre 2013
N° impr : 134789
Imprimé en France